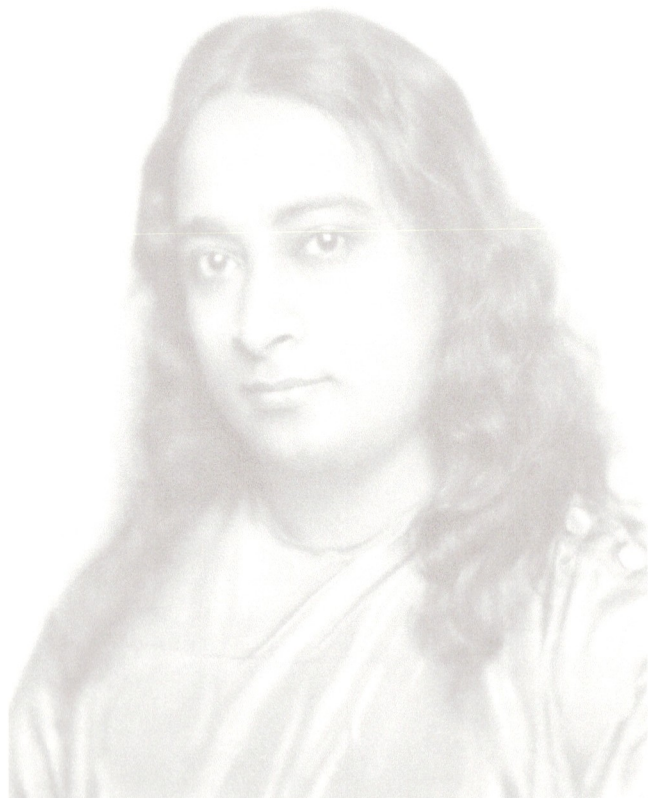

פרמאהנסה יוגאננדה
(1893 – 1952)

תפילות, הצהרות חיוביות ודמיון מודרך אוניברסליים

מדיטציות
מטאפיזיות

מאת
פרמאהנסה יוגאננדה

Self-Realization Fellowship
FOUNDED 1920 BY PARAMAHANSA YOGANANDA

אודות הספר

לאורך שנותיו הראשונות באמריקה, בהרצאות לקהל הרחב ובשיעורים שנתן במהלך סיורי הרצאות נרחבים - ובשנים מאוחרות יותר בבתי תפילה של Self-Realization Fellowship* שהוא ייסד - פרמאהנסה יוגאננדה הרבה להוביל את הקהל שלו בהצהרות חיוביות, דמיון מודרך או בתפילות. בשיקוף אינספור הדרכים בהן ניתן לפנות אל ולחוות את הרוח האלוהית האינסופית, לשיטות המטאפיזיות הללו היה ביקוש נרחב. לאחר 1925, כששרי יוגאננדה הקים בלוס אנג'לס מטה בינלאומי לארגון שלו והחל לפרסם את הירחון מזרח-מערב (ששינה את שמו ל Self-Realizaion ב-1948), מדיטציות רבות כאלו הודפסו בירחון; וב-1932 אוסף של כמעט 200 מהם הוצאו לאור על ידי Self-Realization Fellowship במדיטציות מטאפיזיות. הספר הודפס באופן רציף מאז, עם מהדורות מורחבות שהופיעו ב-1952 וב-1964. בהציעו מעיין של תקווה והשראה, הספר מצא קהל הולך וגדל של קוראים מלאי הערכה בקרב אנשים מכל הדתות.

הספר ראה אור באנגלית בהוצאה
Self-Realization Fellowship, לוס אנג׳לס, קליפורניה
Metaphysical Meditations

ISBN: 978-0-87612-041-5

תורגם לעברית על ידי Self-Realization Fellowship

באישור מחלקת ההוצאה לאור הבינלאומית של
Self-Realization Fellowship

שם וסמל Self-Realization Fellowship לעיל מופיעים בכל הספרים, הקלטות
ושאר פרסומים של SRF, ומהווים אישור לכך שהיצירה מקורה באגודה שהקים
פרמאהנסה יוגאננדה הממשיכה בלימוד תורתו בנאמנות.

הוצאה ראשונה בעברית, 2025
First edition in Hebrew, 2025
מהדורה זו, 2025
This printing, 2025

ISBN: 978-1-68568-251-4

1337-J8271

מורשתו הרוחנית של
פרמאהנסה יוגאננדה

מכלול כתבים, הרצאות ושיחות לא רשמיות

פרמאהנסה יוגאננדה ייסד את Self-Realization
Fellowship ב-1920 כדי להפיץ את תורתו ברחבי העולם ולשמר
את טוהרתה ושלמותה לדורות הבאים. סופר ומרצה פורה כבר
משנותיו הראשונות באמריקה, הוא הותיר מאחוריו מכלול יצירות
עשיר ומכובד על מדע היוגה והמדיטציה, אמנות החיים המאוזנים
והאחדות הבסיסית של כל הדתות הגדולות. מורשתו הרוחנית
הייחודית ומרחיקת הלכת ממשיכה לספק השראה למיליוני מבקשי
אמת ברחבי העולם עד ימינו אנו.

בהתאם למשאלתו המפורשת של המורה הגדול, ממשיכה
Self-Realization Fellowship לפרסם ולשמור בהוצאה
תמידית את מכלול יצירותיו של פרמאהנסה יוגאננדה. אלו כוללות
לא רק את הגרסאות האחרונות של כל הספרים שפרסם במהלך
חייו, אלא גם כותרות חדשים רבים – יצירות שטרם ראו אור בעת
פטירתו בשנת 1952, או התפרסמו בצורה חלקית לאורך השנים
בירחון Self-Realization Fellowship, וכן מאות הרצאות
מעוררות השראה ושיחות לא רשמיות שהוקלטו אך לא הועלו על
הכתב טרם מותו.

פרמאהנסה יוגאננדה בחר ואימן במו ידיו את תלמידיו
הקרובים העומדים בראש מועצת הפרסום של Self-Realization
Fellowship מאז מותו, והנחה אותם בפרוטרוט כיצד לערוך

ולפרסם את כתביו. חברי מועצת הפרסום של SRF (נזירים ונזירות שלקחו שבועת התנזרות ושירות לזולת לכל חייהם) רואים בהנחיות הללו ברית מקודשת שנועדה להבטיח כי מורשתו של המורה האהוב לעולם תמשיך להתקיים בעוצמתה ובדיוקה המקוריים.

חותם Self-Realization Fellowship (המוצג למעלה) עוצב על ידי פרמאהנסה יוגאננדה כסמלו של המלכ"ר שהכתיר כמקור המורשה לכל פרסומיו. שמה וסמלה של SRF המוטבעים על כל פרסומיה ורישומיה של Self-Realization Fellowship מבטיחים לקורא שמקור היצירה הוא אכן בארגון שהקים פרמאהנסה יוגאננדה והיא משקפת את תורתו כפי שהוא עצמו התכוון שתוצג.

Self-Realization Fellowship

תפילה לעולם מאוחד

מאת פרמאהנסה יוגאננדה

מי ייתן וראשי כל המדינות והגזעים השונים יודרכו להבין שאנשים מכל העמים הם אחד פיזית ורוחנית: פיזית אחד, מכיוון שכולנו צאצאיהם של אותם הורים - אדם וחווה הסמליים; ורוחנית אחד, מכיוון שאנחנו ילדיו האלמותיים של אבינו, קשורים בקשרים נצחיים של אחווה.

בואו נישא תפילה בליבנו למען חבר נשמות ועולם מאוחד. למרות שלמראית עין אנו מחולקים על פי גזע, אמונה, צבע, מעמד ודעות קדומות פוליטיות, עדיין, כילדי האל האחד, אנו יכולים להרגיש בנשמותינו אחווה ואחדות עולמית. בואו נפעל למען יצירת עולם מאוחד בו כל אומה תהיה חלק חיוני, מודרכת על ידי אלוהים דרך התודעה המוארת באדם.

בליבנו, כולנו יכולים ללמוד להיות חופשיים משנאה ואנוכיות. בואו נתפלל להרמוניה בין האומות, כך שיוכלו לצעוד יד ביד בשער ציוויליזציה חדשה והגונה.

הקדמה: למד לעשות מדיטציה

מדיטציה היא המדע של הכרת האלוהים. זה המדע המעשי ביותר בעולם. רוב האנשים היו רוצים לעשות מדיטציה אם היו מבינים את ערכה והיו חווים את השפעותיה המועילות. המטרה הסופית של המדיטציה היא להשיג הכרה מודעת של אלוהים ושל האחדות הנצחית של הנשמה עימו. איזה הישג יכול להיות יותר תכליתי ומועיל מאשר לרתום יכולות אנושיות מוגבלות לבורא השורר-בכל והכל-יכול? הכרת האלוהים מעניקה למודט את ברכות השלווה, אהבה, אושר, כוח וחוכמה של האל.

מדיטציה משתמשת בריכוז בצורתו הנעלה ביותר. ריכוז מורכב מלשחרר את תשומת הלב מהסחות דעת ולמקדה בכל מחשבה שבה אדם עשוי להתעניין. מדיטציה היא אותה צורה מיוחדת של ריכוז שבה תשומת הלב שוחררה מחוסר שקט ומתמקדת באלוהים. מדיטציה היא לכן ריכוז מיועד להכרת אלוהים [†].

כמענה לאהבה של חסידים נעלים, אלוהים גילם עצמו בצורות קוסמיות שונות. הוא גם מגלם עצמו באמת, בתכונות אלוהיות, בכוח היצירתי וביופיו של הטבע, בחייהם של קדושים ואווטארים גדולים (התגלמות אלוהית) ובנשמתו של כל אדם. לפיכך, מדיטציה על כל אחד מהמושגים הללו מביאה הכרה עמוקה במוחלט השורר-בכל מקום, במי שקיים תמיד, מודע תמיד ובאושר חדש תמידי. מכיוון שמדיטציה נותנת תפיסה ישירה של אלוהים, היא מעלה את

[†] הדרכה מלאה בתאוריה ובתרגול של שיטות מדיטציה מדעיות שלומדו על ידי פרמאהנסה יוגאננדה ניתנת בשיעורים של Self-Realization Fellowship (ראה עמוד 89 למידע נוסף).

תרגול הדת מעבר להבדלי הדוגמה.

בספר זה ישנן מדיטציות משלושה סוגים: תפילות או דרישות אוהבות המופנות לאלוהים, הצהרות חיוביות על אלוהים או אמת, והדרכה והשראה רוחנית אשר מופנות לתודעת האדם העצמו. בחר במדיטציה שעונה על צרכיך הנוכחים. כדי לעזור למקד את מוחך במחשבה הרוחנית הזו, תרגל את הוראות המדיטציה הבאות: שב על כיסא ישר, או בשילוב רגליים על משטח יציב. שמור על עמוד השדרה ישר ועל הסנטר מקביל לרצפה. בעיניים עצומות, מקד בעדינות את מבטך ורכז את תשומת ליבך בנקודה שבין הגבות. זהו מושב הריכוז ושל העין הרוחנית, או התפיסה האלוהית, באדם. עם תשומת הלב ממוקדת במרכז זה של רוגע וריכוז, תרגל את המדיטציה שבחרת. חזור על המילים לאט, בקול או בלב, התרכז בהן חזק עד שתקלוט את המשמעות הפנימית. עשה מדיטציה עד שתרגיש שהמושג עליו אתה מודט הפך לחלק מהכרתך.

ההוכחה הראשונה לנוכחותו של אלוהים היא שלווה בלתי ניתנת לתיאור. זה מתפתח לאושר בלתי נתפס מבחינה אנושית. ברגע שנגעת במקור האמת והחיים, כל הטבע ישמע לך. במציאת אלוהים מבפנים, תמצא אותו בחוץ, בכל האנשים ובכל התנאים.

תוכן

אם אתה חפץ בתשובתו
מאת פרמאהנסה יוגאננדה

בין אם הוא עונה או לא,
המשך לקרוא לו–
קרא לעד בחדר
התפילה המתמשכת.

בין אם הוא בא או לא,
האמן שהוא תמיד מתקרב
קרוב יותר אליך
עם כל ציווי של ליבך האוהב.

בין אם הוא עונה או לא,
המשך לשדל אותו.
גם אם הוא אינו עונה
בצורה שלה אתה מצפה,
דע תמיד שבצורה עדינה כלשהי
הוא יענה.

בחשכת תפילותיך העמוקות ביותר,
דע שהוא משחק איתך
מחבואים.

ובמהלך ריקוד החיים,
מחלות ומוות,
אם תמשיך לקרוא לו,
ללא ייאוש ממראית עין שתיקתו,
תקבל את תשובתו.

מסירות וסגידה

להתחיל מדיטציה

סגור את דלתות העפעפיים וחסום את הריקוד הפראי של החושים המפתים. תן למוחך לשקוע לתוך באר לבבך חסרת התחתית. רכז את מוחך על ליבך המבעבע בדם מעניק חיים. קשור את תשומת ליבך ללב, עד שתחוש בקצבו הריתמי. עם כל פעימה חוש את דופק החיים האדיר. דמיין את אותם חיים החודרים לכל, דופקים על דלתות הלבבות של מיליוני בני אדם ושל מיליארדי יצורים אחרים. הלב פועם ללא הרף, מצהיר בכניעה על נוכחות הכוח האינסופי שמאחורי דלתות המודעות שלך. הפעימה הרכה של החיים החודרים-לכל אומרת לך בשקט, "אל תסתפק בזרם מועט מחיי, אלא הרחב את פתחי כוחות הרגש שלך. הרשה לי להציף את דמך, גופך, מוחך, רגשותיך ונשמתך בפעימות החיים האוניברסליים שלי. "

לעורר חופש נפשי

שב ללא נוע עם עמוד שדרה ישר. כסה את גלגלי העיניים חסרות המנוחה בסדיני העפעפיים. שמור עליהן שלא יזוזו. ואז שחרר מוחך מתודעת משקל גופך. הרפה את מיתרי העצבים המחוברים לשרירים ולעצמות הכבדות של גופך. שכח מהתודעה של סחיבת צרור כבד של עצמות הקשורות בבד העבה של בשר הגוף. נוח. שחרר מוחך מתודעת נטל הבהמה. אל תחשוב על עומס גופך, אלא חוש את נשמתך משוחררת מהאיכות החומרית הבלתי פוסקת של כבדות. טוס מנטלית במטוס דמיונותיך מעלה, מטה, שמאלה,

ימינה, לאינסוף או לאן שתחפוץ ללכת. חוש ועשה מדיטציה על הנ"ל על החופש הנפשי שלך מגופך. חלום, הרהר והרגש את התעלות הגוף הזה בעודך יושב ללא נוע; תודעת החופש תתחזק בקביעות.

תפילה אוניברסלית

מי ייתן ואהבתך תזרח לנצח על מקדש מסירותי, ומי ייתן ואוכל להעיר את אהבתך בכל הלבבות.

— ✦ —

הו אבא, קבל אתה את להט נשמתי, מסירות של גלגולים, אהבה עתיקת יומין ששמרתי עליה נעולה בכספת לבבי.

אבא אלוהי, במקדש השקט שלי הכנתי גן עבורך, מעוטר בפרחי מסירותי.

עם לב משתוקק, עם מוח נלהב, עם נשמה בוערת, אני מניח לרגלך השוררים-בכל-מקום את כל פרחי מסירותי.

הו רוח אלוהית, אני סוגד לך כיופי וחוכמה במקדש הטבע. אני סוגד לך ככוח במקדש העשייה וכשלווה במקדש הדממה.

אחכה לך

במרכז ליבי ישנו כס מלכות מיסטי עבורך. נרות שמחותיי

מעומעמים בצפייה לבואך. הם יאירו ביתר זוהר כשתבוא. בין אם תבוא או בין אם לא, אמתין לך עד שדמעותיי ימוססו כל גסות חומרית.

כדי לרצות אותך, דמעותיי מבוסמות האהבה ישטפו את כפות רגלי שתיקתך. מזבח נשמתי יישאר ריק עד לבואך.

לא אדבר; לא אבקש ממך דבר. אבין שאתה מודע לייסורי ליבי בעודי ממתין לבואך.

אתה יודע שאני מתפלל; אתה יודע שאיני אוהב אחר. אולם בין אם תבוא אלי ובין אם לא, אחכה לך, גם אם זה יהיה לנצח.

— ❧ —

ארחיק מעלי כל דכדוך כדי לעשות מאמץ עילאי להרגיש את אלוהים דרך מדיטציה, עד שלבסוף הוא יופיע.

מנחתי אליך

מידי בוקר אני מעניק את גופי, מוחי ואת כל היכולות שברשותי, לשימוש על ידך, הו בורא אינסופי, בכל דרך שתבחר לבטא עצמך דרכי. אני יודע שכל עבודה היא עבודתך ושאף משימה אינה קשה מידי או בזוייה מידי אם היא מוקדשת לך כשרות אוהב.

— ❧ —

אמא אלוהית, בשפת נשמתי אני דורש הכרה מלאה בנוכחותך. את מהות הכל. תני לי לראותך בכל סיב הווייתי, בכל קו מחשבה.

האירי את ליבי!

אבא אהוב, מזמורי כמיהתי אליך, מחוסרי המילים, יתנגנו יחד עם מקצב כמיהת ליבי. אחוש בנוכחותך בכל הלבבות. אראה את ידיך עובדות בחוק הכבידה ובכל שאר כוחות הטבע. בצעידת כל היצורים החיים אשמע את פסיעותיך.

שובה הנשמות הבלתי נראה, אתה המעיין הזורם מחיק חברות. אתה קרני החום הסודיים ההופכים ניצנים של רגשות לתפרחת מילים מקסימות ומלאות רגש עמוק של שירה ונאמנות.

כשאני מקרין אהדה ורצון טוב לאחרים, אני פותח ערוץ לאהבת אלוהים לבוא אלי. אהבה אלוהית היא המגנט שמושך אליו את כל הברכות.

אבא, היכנס אתה אל נשמתי דרך שערי מסירות ליבי ודרך התפילות מלאות הלהט שלי.

אני לא אקשר מידי לדברים כי זה יגרום לי לשכוח את אלוהים. אנחנו מאבדים רכוש, לא כעונש, אלא כמבחן לראות אם אנחנו אוהבים דברים חומריים יותר מאת האל האינסופי.

אני מציית לך במקדש המשמעת.
אני אוהב אותך במקדש המסירות.
אני סוגד לך במקדש אהבתי.
אני נוגע בכפות רגליך במקדש הדממה.
אני מביט בעיניך במקדש העונג.
אני חש אותך במקדש הרגש.
אני נאבק למענך במקדש העשייה.

אני נהנה ממך במקדש השלווה.

אקום עם עלות השחר ואעיר את אהבתי הישנה להתעורר באור מסירות אמת לשלוות אלוהים בתוכי.

אבא שבשמים, בכנסייה בלתי נראית, בנויה מגרניט מסירות, קבל אתה את מנחות ליבי הצנועות, המתחדשות מדי יום על ידי תפילה.

אמא אלוהית, פתחי לרווחה את ניצן מסירותי ושחררי את ניחוחו כדי שיוכל להתפשט מנשמתי אל נשמות כולם, לעד לוחש את שמך.

שמעתי את קולך

אמא אלוהית, שמעתי את קולך לוחש בניחוח הורד. נגעתי בעדינותך ברכות השושנה. בלחישות מסירותי, אהבתך היא זו שענתה.

— ❧ —

המשיח קם מקבר אדישותי ואני רואה אותו לאור מסירותי. אני, בן אלוהים ישן, יוצא מהכלא הגופני שלי לתוך החופש העצום של הרוח האלוהית.

מסירות נצחית

הו אתה המאהב הדגול, אתה החיים, אתה המטרה, אתה תשוקתי.

שחרר אותי מעולם המאיה* שלך של דמיונות. פתח אותי בנוכחותך במקום. אל אהוב, מלא את ליבי במסירות נצחית אליך בלבד.

באר דממתי

צחוקו תפס את ליבי. בעודי מתנדנד בתוך ערסל בין האורנים תחת כחול השמים, שמחתו פלשה לתוך ליבי הנוגה.

חשתי את השמים רוגשים ואת נוכחותו נעה דרכי. גופי נדם; כוח הדממה שבי חפר בחיקי עד שבאר אינסופית החלה שופעת.

המים המבעבעים בבארי זעקו וקראו לכל הצמאים סביבי לבוא ולשתות מהשראתי. לפתע הכחול העצום שרבט שפתיו והכניס את שפתיו הכחולות לתוך באר ליבי. האורנים, העננים השטים, ההרים, כדור הארץ וכוכבי הלכת הכניסו את פיותיהם לתוך באר אושרי. כל הדברים בבריאה שתו ממני. ואז, רוויים, צללו לתוך מימי האלמוות שלי. הגופות הגסים שלהם נגעו בבריכה הגורמת-לשינוי של נשמתי והפכו למטוהרים ולזוהרים. בדיוק כפי שגרגירי סוכר מתמוססים בקנקן מים מבעבעים, כך עננים קטנים, גבעות גבוהות, נופים מרהיבים, כוכבים, אגמים, עולמות, נחלים קטנים של מוחות צוחקים, נהרות ארוכים ומסתעפים של שאיפות כל היצורים המטיילים בשבילים רבים של גלגולים - כולם נמסו באוקיינוס דממתי הממיסה הכל.

* המעטה המתעתע של הבריאה, שריבוי צורותיו מסתירות את האמת האחת חסרת הצורה.

הו רועה אלוהי בעל יכולת תפיסה אינסופית, הצל את טליי מחשבותיי, האבודים בתוך שיממון חוסר מנוחתי, והובל אותם לתוך דממתך העוטפת.

אבא אהוב, תן לגחלת מסירותי לזהור בנוכחותך לנצח.

אל אהוב, קטוף את לוטוס מסירותי מבוץ השכחה הארצית ושא אותו על חזה זיכרונך הער לעד.

אני משתחווה לך, הו אלוהים, במקדש השמים, במקדש הטבע ובמקדשי הנשמות של אחים אנושיים.

אני סוגד לאלוהים בכל מקום

אני משתחווה לאב האחד האינסופי, המתגלה באופן שונה בכנסיות ובתי המקדש הרבים שהוקמו לכבודו. אני סוגד לאל האחד הנח על המזבחות המגוונים של תורות ואמונות דתיות שונות.

היום אסגוד לאלוהים בדממה עמוקה ואחכה לשמוע את תשובתו מבעד שלוות המדיטציה המתעצמת שלי.

אחבור את לחישות מסירותי שבתוכי עם תפילותיהם של כל הקדושים ואביע אותן ללא הרף במקדשי הדממה והעשייה עד שאשמע את לחישותיו בקול רם, בכל מקום.

היום הזה יהיה היום הטוב בחיי. היום אתחיל בנחישות מחודשת להקדיש לנצח את מסירותי לרגלי השורר-בכל-מקום.

הרחבת האהבה

(עשה מדיטציה, הרהר והרגש את זה)

ממלכת אהבתי תתרחב. אהבתי את גופי יותר מכל דבר
אחר. זו הסיבה שאני מזוהה אתו ומוגבל בגללו. באהבה שנתתי
לגוף, אוהב את כל מי שאוהב אותי. עם האהבה המורחבת של
אלו שאוהבים אותי, אני אוהב את אלו ששלי. עם האהבה לעצמי
ואהבתי לשלי, אוהב את הזרים לי. אשתמש בכל אהבתי כדי
לאהוב את אלו שלא אוהבים אותי, יחד עם אלו שכן אוהבים אותי.
אטבול את כל הנשמות באהבה הלא אנוכית שלי. בים אהבתי, בני
משפחתי, בני ארצי, כל העמים וכל בני האדם ישחו. כל הבריאה, כל
אינספור היצורים החיים הזעירים ירקדו על גלי אהבתי.

— ❧ —

אני מרווה עצמי בניחוח נוכחותך ומחכה לשאת עם הרוח את
הארומה של בשורת אהבתך לכול.

במקדש אהבת אימי הארצית אסגוד להתגלמות אהבת האמא
האלוהית.

כל השתוקקות לאהבה אטהר וארווה באהבה אלוהית קדושה
אליך, הו אלוהים!

אינסוף אהוב, אשמור עליך לנצח כלוא מאחורי החומות
החזקות של אהבתי הנצחית.

בין אם תענה לדרישותיי ותפילותיי ובין אם לאו, אמשיך לאהוב אותך.

הו אבא, למד אותי להחיות את תפילותיי באהבתך. מי ייתן ואהיה מודע לקרבתך מאחורי קול תפילתי.

אני יודע שממש מאחורי מסך דרישות אהבתי הנך מקשיב למילים הדוממות של נשמתי.

אני אראה את אלוהים עצמו מעניק לי את אהבתו האלוהית דרך הלבבות של כולם.

שובב או טוב, אני ילדך. חוטא או צדיק, אני שלך.

למד אותי לשתות את צוף האושר הנצחי הנמצא במעיין המדיטציה.

אבא אלוהי, למד אותי לסגוד לך על מזבח הדממה הפנימי ועל מזבח העשייה החיצוני.

אל אהוב, טהר את הסייגים בתוכי. גרש חולי ועוני מהעולם לעד. גרש חוסר ידיעה עליך מחופי נשמות אדם.

מדיטציות על אלוהים

—❧—

עשה מדיטציה על אור האלוהים

הבט באור ועצום עיניך. שכח מהחשכה סביבך והתבונן באור
הבוהק האדום בתוך העפעפיים שלך. הבט בריכוז רב לתוך הצבע
הסגול-אדום הזה. עשה עליו מדיטציה ודמיין שהוא גדל וגדל. ראה
סביבך ים זוהר מעומעם של אור סגול. אתה גל של אור, אדווה של
שלווה שצפה על פני הים.

עכשיו התבונן היטב. אתה, הגל הקטן, מטלטל על אוקיינוס
של אור. החיים הזעירים שלך הם חלק מהחיים החודרים לכל. בזמן
שאתה מעמיק במדיטציה, אתה, גל זעיר רדוד של שלווה, הופך
לאוקיינוס רחב ועמוק של שלווה.

מדוט על המחשבה "אני גל של שלווה." הרגש את המרחב
העצום ממש מתחת לתודעתך. הגל אמור להרגיש את החיים
המקיימים של האוקיינוס העצום שמתחתיו.

נוכחותו המגינה של אלוהים

למד אותי להרגיש שאני עטוף תמיד בהילת נוכחותך המגינה
השוררת-בכל, בלידה, בצער, בשמחה, בעשייה, במדיטציה, בבורות,
בקשיים, במוות ובשחרור הסופי.

למד אותי לפתוח את שער המדיטציה שלבדו מוביל לנוכחותך
המבורכת.

מאחורי גל הכרתי נמצא ים ההכרה הקוסמית. תחת אדוות מוחי
נמצא האוקיינוס התומך של מרחבך העצום. אני מוגן על ידי מוחך
האלוהי.

אור הטוב שלך וכוחך המגן קורנים לעולמים דרכי. לא ראיתי אותם, בגלל שעיני חוכמתי היו עצומות. עתה, מגע השלווה שלך פקח עיני; הטוב וההגנה שלך התמידיים זורמים דרכי.

אהלל אותך

הו אבא שבשמים, אהלל תפארתך, יופיו של גן-העדן שלך בתוכנו. מי ייתן ואחיה בגן אושר הנשמה והמחשבות הנשגבות ואתמלא בניחוח אהבתך לנצח.

— ❧ —

הו רוח אלוהית, עשה את נשמתי למקדשך, אבל עשה את ליבי לביתך האהוב בו תגור עימי בנוחות ובהבנה נצחית.

האם לא תפתח את שפתי שתיקתך ותלחש באופן תמידי לנשימתי מחשבות מנחות?

אל אהוב, למדני להרגיש שאתה הכוח המבצע היחיד, וכי בהכרתי בך כמבצע טמון הערך של כל חוויות חיי. למד אותי לראות אותך כחבר היחיד, העוזר והמעודד אותי דרך חברי הארציים.

אבא שבשמים, מהיום אשאף להכיר אותך; אתאמץ לטפח את החברות שלנו. אבצע את כל חובותיי במחשבה שאני נהיה מודע לך דרכם וכך מסב לך אושר.

החיים הם מאבק לאושר לאורך כל הדרך. מי ייתן ואלחם כדי לנצח בקרב באותו מקום בו אני נמצא עכשיו.

כאשר אני חווה פחד, כעס, או כל סוג אחר של סבל, אתבונן עליו כצופה. אפריד עצמי מחוויותיי. בכל מחיר אשאף לשמר את שלוותי ואושרי.

אבא אהוב, אני מבין ששבחים לא עושים אותי לטוב יותר והאשמות לא עושות אותי לרע יותר. אני מה שאני לפני מצפוני ולפניך. אמשיך הלאה, אעשה טוב לכולם ואשאף תמיד לרצות אותך, כי כך אמצא את אושרי האמיתי היחיד.

קח את החשכה ממני

אמא קוסמית, קחי את החשכה ממני! כשאני יושב בעיניים עצומות, עטוף בצלליי פרי דמיוני, גרמי את להוד זוהר האינטואיציה* להתלקח בתוכי.

אמא אלוהית, הסיטי הצידה את המסך המנצנץ של סרטים קוסמיים והראי לי את פנייך הרחומות המנפצות אשליות.

הו אור מתלקח! הער את ליבי, הער את נשמתי, הצת את החשכה שלי, קרע את מעטה הדממה ומלא את מקדשי בתפארתך.

אבא שבשמים, נפץ את המחשבה הנושנה והמוטעית בתוכנו - שאנו בני אדם חלשים. גלם עצמך כאור מאחורי ההיגיון שלנו:

* תפיסת ידע הנובע באופן מיידי וספונטני מהנשמה ולא מהאמצעים של החושים וההגיון הנוטים להטעות.

התלקחות עצומה של חוכמה.

למד אותי לסגוד לך

אבא אהוב, למד אותי את נסתרות קיומי! למד אותי לסגוד לך
במצב חוסר נשימה, באלמוות. באש המסירות, תכלה את בורותי.
בדום נשמתי בוא, אבא, בוא! השתלט עלי ותן לי להרגיש, בתוכי
ומסביבי, את נוכחותך הנצחית.

— ✿ —

בבדידות מוחי אני צמא לשמוע את קולך. הסר ממני את
חלומות הצלילים הארציים שעדיין אורבים בזיכרוני. אני רוצה
לשמוע את קולך השקט שר תמיד בדממת נשמתי.

אדוני, מכיוון שאתה שורר-בכל, אינך אלא שורר גם בי. אתה
כל-יכול ויודע-כל; אלו גם תכונות נשמתי. מי ייתן ואוכל לחשוף
אפילו חלק ממה שטמון במהותי.

אשתה אושרך

אשתה חיוניות ממזרקת הזהב של השמש; אשתה שלווה
ממזרקת הכסף של לילות ירח; אשתה כוחך מספלו האדיר של הרוח;
אשתה הכרתך כשמחה ואושר עילאי מכל ספליי מחשבותיי הקטנים.

— ✿ —

לאורך המבורך אישאר ער לנצח, צופה עם עיניים העומדות תמיד על המשמר לאורך כל עידני הנצח בפניך היקרות השוררות-בכל.

חיפשתי את אהבת אלוהים ביובש העקר של חיבה אנושית. לאחר נדודים במדבר אהדה אנושית בלתי מהימנה, לבסוף מצאתי את נווה המדבר הבלתי נדלה של אהבה אלוהית.

אבא, למד אותי לדרוש חזרה את זכותי המולדת ולחיות כבן אלמוות.

הו חבר אלוהי! למרות שחשכת הבורות שלי עתיקה כמו העולם, גרום לי להבין שעם שחר אורך החשכה תעלם כאילו מעולם לא הייתה.

מה הם החיים האלה הזורמים בעורקי? האם הם יכולים להיות משהו אחר מאשר אלוהות?

אבא שבשמיים, רד לתוכי. תן לי להרגיש שאתה נוכח במוחי, בעמוד שדרתי ובמחשבותיי העמוקות מכל. אני משתחווה לך.

אני אבוד, אבא, בשממת אמונות שגויות; אני לא מוצא את ביתי. עלה לחשכת שמיי נפשי והיה כוכב הצפון של מוחי המגשש באפלה. תוביל אותי אליך אשר הוא ביתי.

למד אותי, הו משיח, לגאול את מוחי המכור לחומר, כדי שאוכל לתת אותו לך בתפילה ובאקסטזה, במדיטציה ובחלום בהקיץ.

גלה עצמך

בוא, הו אבא, גלה את הממלכה העצומה של נוכחותך! גלה

עצמך! למד את ליבי להתפלל; למד את נשמתי להרגיש שכל
הדלתות ייפתחו ונוכחותך תתגלה.

— ❧ —

הו אור קוסמי, כל יום אני רואה אותך צובע את השמיים
צבעים בוהקים. אני צופה בך מלביש את האדמה החשופה בדשא
ירוק. אתה בחום השמש. הו, אתה נוכח בצורה כל כך ברורה בכל
מקום! אני משתחווה לך.

למד אותי לראות את פניך במראת הדממה בתוכי.

אהוב אלוהי, גרום לי לדעת, מייד ולתמיד, שתמיד היית שלי,
שלי לעולמים. חלומותיי המוטעים חלפו, קבורים בקבר השכחה.
אני ער, מתחמם באור שמש החיים בתוכך.

אוקיינוס השפע האלוהי זורם דרכי. אני הילד שלו. אני ערוץ
שדרכו כל הכוח היצירתי האלוהי זורם. ברך אותי, אבא, שמעל הכל
אחפש ראשית אותך, כיאה לילדך האמיתי.

אל אהוב, תן לפרחי מסירותי לפרוח בגן ליבי בזמן שאני
מחכה לשחר בואך.

אבא יקר, פתח את כל חלונות האמונה שאוכל לראות אותך
בטירת השלווה. פתח לרווחה את דלתות הדממה שאוכל להיכנס
למקדש אושרך העילאי.

אל אהוב, הגן על המקדש השמיימי של מוחי מפני כניסתם של
לוחמי מחשבות רעות עקשניות.

אני יודע שאני אחראי על הרווחה שלי. לכן אשליך מעלי את כל העיסוקים חסרי התועלת ומחשבות הסרק, שבכול יום אמצא זמן לאלוהים.

אבי שבשמים, אתה אהבה ואני נבראתי בצלמך. אני כדור האהבה הקוסמי, שבתוכו אני רואה את כל כוכבי הלכת, כל הכוכבים, כל היצורים, הבריאה כולה כאור מנצנץ. אני האהבה שמאירה את היקום כולו.

הו מעיין האהבה! גרום לי להרגיש את ליבי מוצף באהבתך השוררת-בכל.

אני רוצה אותך, הו אלוהים, שאוכל לתת אותך לכולם!

אבי הלבבות, הער לנצח את ההכרה בנוכחותך האוהבת בתוכי.

אבא אלוהי, למד אותי לצלול שוב ושוב לתוך המדיטציה, עמוק יותר ויותר, עד שאמצא את פניני חוכמתך ואושרך האלוהי הנצחיים.

על כס מלכות מחשבות דוממות, אלוהי השלווה מכוון את מעשיי היום. אכניס את אחיי למקדש האלוהים דרך דלת שלוותי.

בין אם אני גל קטן או גדול של הוויה, אותו אוקיינוס חיים נמצא מאחוריי.

אחשוב עד שאמצא את התשובה המושלמת. אהפוך את כוח המחשבה לזרקור שבוהקו יחשוף את פני השורר-בכל.

למד אותי לחשוב עליך עד שתהיה מחשבתי היחידה.

הו אבא, לא משנה מה יהיו המבחנים שלי, מי ייתן ואוכל לשאת אותם בשמחה, מרגיש את נוכחותך בליבי תמיד. כך כל הטרגדיות והקומדיות של החיים יראו לא יותר מדרמות של בידור אקסטטי.

אבא, העבר את תודעתי ממגבלותיי, שהוצעו על ידי אחרים ועל ידי מחשבותיי החלשות, להכרה שאני, ילדך, הבעלים של הממלכה שלך של רכוש אינסופי.

הו מעיין הלהבה, תן לאורך להתבסס בתוכי, סביבי, בכל מקום.

יוגי אמיתי מרגיש את פעימת ליבו בכל הלבבות; מוחו בכל המוחות; נוכחותו בכל תנועה. אהיה יוגי אמיתי.

הו אבא, הראה לי את דרך המלך המובילה אליך. תן לי שאיפות לב מתפרצות. בהד המסירות למד אותי לשמוע את קולך.

בדממת נשמתי אני משתחווה בענווה לפני נוכחותך השוררת-בכל, בידיעה שאתה תמיד מוביל אותי קדימה ולמעלה בדרך להכרה עצמית.

הו אדוני, אהבתך הזורמת בלבבות בני אדם פיתתה אותי למצוא את מקור האהבה המושלמת בך.

רוח אלוהית, אחפש אותך עד שאמצא אותך. כשאמצא אותך, ביראה אקבל את כל המתנות שאת רוצה שיהיו לי. אבל לנצח לא אבקש דבר חוץ מאותך, המתנה השלמה.

אני בא אליך בידיים שלובות, ראש מורכן ולב מלא במור יראה.

אתה הורי; אני ילדך. אתה אדוני; אציית לפקודת קולך הדומם.

התרחבות ההכרה

התכוונן עם הקול הקוסמי

הקשב לקול הקוסמי אום, זמזום אדיר של אינספור אטומים, בצד הימני הרגיש של מוחך. זהו קול האלוהים. הרגש את הקול מתפשט במוח. שמע את הלומות שאגתו המתמשכת.

עכשיו שמע והרגש אותו נוהר לתוך עמוד השדרה, פורץ לרווחה את דלתות הלב. הרגש אותו מהדהד בכל רקמה, בכל תחושה, בכל מיתר עצביך. כל תא דם וכל מחשבה רוקדים על פני ים הרטט השואג.

התבונן בנפח המתפשט של הקול הקוסמי המתפשט. הוא נע דרך הגוף והמוח לתוך האדמה ולאטמוספירה המקיפה. אתה נע איתו לתוך האתר חסר האוויר ולתוך מיליוני עולמות גשמיים.

מדוט על ההתקדמות המתפשטת של הקול הקוסמי. הוא עבר דרך העולמות הפיזיים אל הורידים הנוצצים העדינים של קרני האור המחזיקות את התגלמות כל הגשמיות.

הקול הקוסמי מתערבב עם מיליוני קרני אור ססגוניות. הקול הקוסמי נכנס לממלכת קרני האור הקוסמיות. הקשב, הבט והרגש את החיבוק של הקול הקוסמי והאור הנצחי. הקול הקוסמי חודר כעת מבעד למדורות הלב של האנרגיה הקוסמית ויחדיו הם מתמוססים לתוך אוקיינוס ההכרה הקוסמית והאושר הקוסמי. הגוף מתמוסס לתוך היקום. היקום מתמוסס לתוך הקול חסר הצליל. הצליל מתמוסס לתוך האור הכל-זוהר. והאור נכנס לחיק האושר האינסופי.

הים הקוסמי

כאשר אתה מגלה שנשמתך, ליבך, כל ניצוץ של השראה, כל גרגיר של השמים הכחולים הנרחבים ופריחת הכוכבים המנצנצים, ההרים, האדמה, ציפורי הלילה ופרחי פעמונים כחולים, כולם קשורים יחד במיתר אחד של קצב, מיתר אחד של אושר, מיתר אחד של אחדות, מיתר אחד של רוח אלוהית, אז תדע שכולם אינם אלא גלים בים הקוסמי שלו.

אני נכנס פנימה

הייתי אסיר הסוחב עול כבד של עצמות ובשר, אבל בעזרת כוח ההרפיה שברתי את אזיקי גופי הכבול לשרירים. אני חופשי. עכשיו אנסה להיכנס פנימה.

נופים מרהיבים מכשפים, הפסיקו את ריקודכם מול עיני! אל תמשכו את תשומת ליבי הרחק!

מנגינות קסומות, אל תשמרו על מוחי מרותק להתהוללות שירים ארציים!

סירוניות רדופות של תחושות מתוקות, אל תשתיקו את האינטואיציה הקדושה שלי במגעכן המפתה! תנו למדיטציה שלי לרוץ למקלט המתוק של אהבה אלוהית נצחית.

ארומה מפתה של לילך, יסמין וורדים אל תעצרי את מוחי הצועד הביתה!

פיתויי קסם החושים עכשיו נעלמו. חבלי הגוף נותקו. אחיזת

החושים הרפתה. אני נושף ועוצר את סופת הנשימה; אדוות
המחשבה מתמוגגות.

אני יושב על מזבח ליבי הפועם. אני צופה בזרם הרועם והצועק
של כוח-החיים שנע דרך הלב לתוך הגוף. אני פונה אחורה אל עמוד
השדרה. קצב ושאגת הלב נעלמו. כנהר נסתר קדוש כוח-החיים שלי
זורם בערוץ עמוד השדרה. אני נכנס למסדרון אפלולי דרך דלת העין
הרוחנית ודוהר קדימה עד שלבסוף נהר חיי זורם לתוך אוקיינוס
החיים ומאבד עצמו לאושר עילאי.

— 🌿 —

הצצתי לנרחבות האלוהים בשמיי השקט. טעמתי אושרו
במעיינות קיומי. שמעתי את קולו במצפוני הער.

אקבל באופן מודע את אור האב השורר-בכל והזורם ללא
הרף דרכי.

הו אבא, שבור את גבולות הגלים הקטנים של חיי כדי שאוכל
לחבור לאוקיינוס מרחבך העצום.

התרחבות בנצחיות

הנצח מתרחב לפני מטה, מעלה, משמאל ומימין, מלפנים
ומאחור, מבפנים ומבחוץ.

בעיניים פקוחות אני רואה עצמי כגוף הקטן. בעיניים עצומות
אני חווה עצמי כמרכז הקוסמי שסביבו סובב כדור הנצח, כדור
האושר העילאי, כדור ידיעת-הכל, חלל חיי.

אני מרגיש את אלוהים כמו נשימה עדינה של אושר עילאי
נושמת בגוף היקומים שלי. אני חווה אותו מאיר מבעד לנצנוצים
הבהירים של כל הכוכבים ומבעד גליי ההכרה הקוסמית.

אני רואה אותו כאור ההשראה הסולארית האוחז במאורות
מחשבותיי במקצבי האיזון.

אני מרגיש אותו כקול מתפרץ, מוביל, מנחה, מלמד בסתר
במקדש נשמות כל בני האדם וכל הבריאה.

הוא מעיין החוכמה וההשראה הזוהרת הזורם בכל הנשמות.
הוא הניחוח הנוטף מאגרטלי הקטורת של כל הלבבות. הוא גן
הפרחים השמיימי ופרחי-מחשבה זוהרים. הוא האהבה שנותנת
השראה לחלומות האהבה שלנו.

אני מרגיש אותו מחלחל בליבי, כמו דרך כל הלבבות, דרך
נקבוביות האדמה, דרך השמיים, דרך כל הנבראים. הוא התנועה
הנצחית של האושר. הוא מראת הדממה שבה כל הבריאה משתקפת.

— 🌢 —

חוויותיי הארציות משמשות כתהליך של הרס של אשליות
מגבלותיי כבן-תמותה. באלוהים, גם החלומות הכי "בלתי
אפשריים" מתגשמים. ("אתן לו את כוכב השחר."– התגלות ב,28)

אני מוצף באורך הנצחי; הוא מחלחל לכל חלקיק במהותי. אני
חי באור הזה. רוח אלוהית, אני רואה רק אותך, מבפנים ומבחוץ.

אעצום את עיניי הפיזיות ואבטל את פיתויי הגשמיות. אתבונן
דרך חשכת הדממה עד שעיני היחסיות שלי תפתחנה לתוך אור
העין הפנימית. כששתי עיני הרואות גם טוב וגם רע תהפוכנה

לאחת ותיראנה בכל רק את הטוב האלוקי של אלוהים, אראה שגופי, מוחי ונשמתי התמלאו באורו של השורר-בכל-מקום.

ממשות חיי אינה יכולה למות משום שאני הכרה בלתי ניתנת להריסה.

כל המעטים של חיי הבורות החיצוניים שלי נשרפו לאור התעוררותי למשיח ואני רואה את בינת התינוק ישו מעורסלת בעלי כותרת הוורדים, בשזירת האורות ובמחשבות האהבה של כל הלבבות האמיתיים.

אני אינסופי. אני ללא מקום, ללא זמן; אני מעבר לגוף, מחשבה ודיבור; מעבר לכל חומר ומוות. אני אושר עילאי אינסופי.

אוקיינוס הרוח האלוהית הפך לבועה הקטנה של נשמתי. בין אם צפה בלידה, או נעלמת במוות, באוקיינוס ההכרה הקוסמית בועת חיי אינה יכולה למות. אני הכרה בלתי ניתנת להריסה, מוגנת בחיק האלמוות של הרוח האלוהית.

אני כבר לא גל הכרה החושב עצמו נפרד מים ההכרה הקוסמית. אני אוקיינוס הרוח האלוהית שהפך לגל חיי אנוש.

כמו נהר דומם בלתי-נראה הזורם מתחת למדבר, נהר הרוח האלוהית העצום וחסר הממדים זורם דרך חולות הזמן, דרך חולות החוויה, דרך חולות כל הנשמות, דרך חולות כל האטומים החיים, דרך החולות של כל החלל.

הו אבא, אתה אושר נצחי קדוש, אתה האושר שאני מחפש, אתה אושר הנשמה. למד אותי לסגוד לך דרך אושר מולד ממדיטציה.

הקול הקדוש אום

למד אותי לשמוע את קולך, הו אבא, הקול הקוסמי שמצווה על כל הרטטים להיוולד. התגלם אלי כאום, השיר הקוסמי של כל הקולות.

הו רוח הקודש, רטט האום הקדוש, הגדילי את ההכרה שלי כאשר אני מקשיב לקולך השורר-בכל-מקום. תגרמי לי להרגיש שאני גם האוקיינוס הקוסמי וגם הגל הקטן של רטט-גוף בתוכו.

הו אום הקול הקוסמי השורר-בכל-מקום, הדהד דרכי, הרחב את ההכרה שלי מהגוף ליקום ולמד אותי להרגיש בך את האושר הנצחי המחלחל-לכל.

הו אנרגיה אינסופית, חוכמה אינסופית, הטעיני אותי מחדש ברטט הרוחני שלך.

הו אום הקול הקוסמי, הדרך אותי, היה איתי, תוליך אותי מחושך לאור.

אני טס הביתה

להתראות, בית כחול שמימי. להתראות כוכבים ומפורסמים שמימים והדרמות שלכם על מסך החלל. היו שלום, פרחים עם מלכודות יופייכם וריחותיכם. אינכם יכולים לאחוז בי יותר. אני טס הביתה.

להתראות לחיבוק החם של אור השמש. להתראות משב רוח

מרענן, מרגיע ומנחם. להתראות מוזיקת אדם מבדרת.

נשארתי זמן רב מתהולל עם כולכם, רוקד עם התלבושות השונות של מחשבותיי, שותה מיין רגשותיי ומרצוני הגשמי. עכשיו נטשתי את שיכרון האשליה.

להתראות שרירים, עצמות ותנועות גופניות. להתראות נשימה. השלכתי אותך מחזי. להתראות פעימות לב, רגשות, מחשבות וזיכרונות. אני טס הביתה במטוס הדממה. אני הולך להרגיש את פעימת ליבי בתוכו.

אני ממריא במטוס ההכרה למעלה, מטה, שמאלה, ימינה, פנימה והחוצה, לכל עבר, לגלות שבכל פינה בחלל ביתי תמיד הייתי בנוכחות הקדושה של אבי.

אני בכל מקום

אני מתבונן דרך עיני כולם. אני עובד דרך כל הידיים, אני הולך דרך כל כפות הרגליים. הגוף החום, לבן, זית, צהוב, אדום ושחור, הם כולם שלי.

אני חושב עם המוח של כולם, אני חולם דרך כל החלומות, אני מרגיש דרך כל הרגשות. פרחי האושר הפורחים על כל מערכות הלב שלי הם.

אני צחוק נצחי. חיוכיי מרקדים על כל הפרצופים. אני גלי ההתלהבות בכל הלבבות מכווניי–אלוהים.

אני רוח החוכמה המייבשת את האנחות והצער של האנושות כולה. אני האושר הדומם של החיים הזורמים בכל היצורים.

אבא שבשמים, למד אותי למצוא בך חופש, כדי שאדע ששום דבר ביקום לא שייך לי; הכל שייך רק לך. למד אותי לדעת שביתי הוא נוכחותך השוררת-בכל.

הו דממה קוסמית, אני שומע את קולך דרך רשרושי נחלים, שירת הזמיר, צלילי קונכיות, הלמות גלי האוקיינוס וזמזום הרטטים.

אל אהוב, לא עוד במילים אלא עם הלהבה הבוערת של אהבת ליבי אסגוד לך.

למד אותי להתבונן במרחבייך, חוסר השינוי שלך מאחורי כל הדברים, כדי שאוכל לתפוס את עצמי כחלק מהווייתך חסרת השינוי.

הו אוקיינוס עצום, אני מתפלל שנהרות תשוקותיי, המתפתלים במדבריות רבים של קשיים, יתמזגו סוף סוף בך.

אני אבעיר את כל החלל ואתהפך על חיקו, לא שרוף ואלמותי. אצלול אל האינסוף, לעולם לא אגיע לסוף. ארוץ ואתחרה ואפיץ את צחוקי בכל הדברים, בכל תנועה ובריק חסר התנועה.

הער אותי, הו אבא שבשמיים, שאוכל לקום מקבר הבשר המגביל לתודעת גופי הקוסמי.

הו אהבה נצחית, מזגי את אהבתי עם אהבתך, מזגי את חיי עם אושרך ואת מוחי עם הכרתך הקוסמית.

תן לי לראות רק יופי, רק טוב, רק אמת, רק את מעיין האושר הנצחי שלך.

במסדרון הבריאה, הו אמא אלוהית, אני שומע את מקצב צעדייך בכל מקום, רוקדים בפראות ברעם הרועם וברכות בשיר האטומים.

הסבר על "אום" ועל "הכרה משיחית"

באוטוביוגרפיה של יוגי פרמאהנסה יוגאננדה אומר: "אבל המנחם, רוח הקודש שהאב ישלח לכם בשמי, הוא ילמד אתכם הכל ויזכיר לכם כל מה שאני אמרתי לכם." – יוחנן יד' 26. הפסוקים הללו מתייחסים לטיבו המשולש של האל כהאב, הבן ורוח הקודש (סאט, טאט ואום בכתבים ההינדים).

"האל האב הוא המוחלט, שאין לו ביטוי, הקיים מעבר לגבולות הבריאה הרוטטת. אלוהים הבן הוא ההכרה המשיחית הקיימת בתוך הבריאה הרוטטת. ההכרה המשיחית הזו היא "הבן היחיד" או השיקוף היחיד של האינסופי העל-בריאתי."

"הביטוי החיצוני של ההכרה המשיחית הנוכחת בכל, ה"עדות" (התגלות ג' 14) היא האום, המילה או רוח הקודש: הכח הנעלה הבלתי נראה, היוצר היחיד, הכח המחולל והמפעיל שמקיים את הבריאה כולה דרך הרטטים. האום המנחם נשמע במדיטציה ומגלה למאמין את האמת המוחלטת, מביא, "את כל הדברים לכדי זכרון."

על מציאת אלוהים

—⚘—

על הפצת אדוות של שלווה

קבע מוחך פנימה בין הגבות על אגם השלווה חסר החוף. התבונן במעגל הנצחי של שלווה-מעלה-אדווה סביבך. ככל שתתבונן בריכוז רב יותר, כך תוכל להרגיש עוד יותר את גלי השלווה הקטנים מתפשטים מהגבות אל המצח, מהמצח אל הלב והלאה לכל תא בגופך. עכשיו מי השלווה עולים על גדות גופך ומציפים את השטח העצום של מוחך. מבול השלווה זורם מעבר לגבולות מוחך ונע הלאה לכיוונים אינסופיים.

— ✁ —

בחרב השלווה, הו אדוני, תן לי להילחם בעימות העבה של ניסיונות.

אני נסיך השלווה התמידית, משחק בדרמה של חלומות עצובים ושמחים על במת החוויה.

שלווה

שלווה זורמת בליבי ונושבת בי כרוח נעימה.
שלווה ממלאת אותי כמו ניחוח.
שלווה עוברת בי כמו קרני אור.
שלווה דוקרת את לב הרעש והדאגות.
שלווה שורפת את אי-השקט שלי.

שלווה, כמו כדור אש, מרחיבה וממלאת את נוכחותי השוררת-
בכל.
שלווה, כמו אוקיינוס, מתגלגלת לכל מקום.
שלווה, כמו דם אדום, מחייה את ורידי מחשבותיי.
שלווה, כמו הילה חסרת גבולות, מקיפה את גוף האינסוף שלי.
להבות שלווה נושפות בנקבוביות בשרי ובכל החלל.
בושם השלווה זורם על גני הפרחים.
יין השלווה זורם ללא הרף בגת כל הלבבות.
שלווה היא נשימת האבנים, הכוכבים והחכמים.
שלווה היא היין העילאי של הרוח האלוהית הזורם מחבית
הדממה,
שאני גומע עם אינספור פיות האטומים שלי.

מדיטציה על דממה

דממתי, כמו כדור מתרחב, מתפשטת לכל עבר.
דממתי מתפשטת כמו שיר רדיו, מעלה, מטה, שמאלה וימינה,
בפנים ובחוץ.
דממתי מתפשטת כמו אש פראית של אושר עילאי; סבך הצער
האפל ואלוני הגאווה הגבוהים נשרפים כולם.
דממתי, כמו האתר, עוברת בכל, נושאת את שירי האדמה,
האטומים והכוכבים לתוך אולמות טירתו האינסופית.

— ❧ —

אל תיתן לי לסמם את עצמי בסם חוסר השקט. מתחת לפעימות ליבי מי ייתן וארגיש את נוכחותה של שלוות אלוהים.

אמלא את ליבי בשלוות המדיטציה. אמזוג כמויות גדולות מעומקי אושרי לנשמות צמאות-שלווה.

כל האנשים המוצלחים רוחנית, כמו ישו, באבאג'י, לאהירי מהאסיה, שרי יוקטשוואר, סוואמי שנקרה ומאסטרים אחרים, הם התגלמויות של אבינו האחד, אלוהים. אני שמח מהמחשבה שהשאיפה הרוחנית שלי לממש אחדות עם אלוהים כבר הושגה על ידי כל המאסטרים הגדולים.

בכל יום אעשה מדיטציה עמוקה יותר מהיום שלפני. בכל יום שאחרי אעשה מדיטציה עמוקה יותר מהיום. אעשה מדיטציה ברוב שעות הפנאי שלי.

הו אדוני, עם מגעה הרך של האינטואיציה אכוונן את רדיו נשמתי ואפטור את מוחי מאי-שקט סטטי, כדי שאוכל לשמוע את קול הרטט הקוסמי שלך, מוזיקת האטומים ומנגינת האהבה, מרטטים בתודעת העל שלי.

היום אחפש אותך, הו אבא, כאושר עילאי הולך וגובר של מדיטציה. ארגיש אותך כאושר חסר גבולות הפועם בליבי. במצאי אותך, אמצא את כל הדברים שאני כמה אליהם דרכך.

למד אותי למצוא את נוכחותך על מזבח שלוותי התמידית ובאושר הנובע ממדיטציה עמוקה.

ברך אותי, שאוכל למצוא אותך במקדש כל מחשבה ועשייה.

במצאי אותך בפנים, אמצא אותך בחוץ, בכל האנשים ובכל המצבים.

למד אותי להרגיש שחיוכך הוא זה שמתגלם עם השחר, על שפתי הוורדים ועל פניהם של גברים ונשים אציליים.

נוכחותו הבוערת של אלוהים

אני אפסיק עם לעג התפילות המדוקלמות כמו תוכי. אתפלל עמוקות עד שחשכת המדיטציה תבער בנוכחותך הזוהרת כאש.

אבא שבשמים, איני יכול לחכות עד מחר לשירך. היום אשדר את קריאת נשמתי לאתר בריכוז כל כך אוהב שתאלץ לענות דרך קולטן שתיקתי.

הו רוח אלוהית! תמיד קיימת, תמיד מודעת, אושר עילאי תמיד חדש! תורידי ממוחי את כובד האדישות והשכחה. מי ייתן ואשתה את צוף נוכחותך הברוכה תמידית.

מתוך העמקת השקט הפנימי והחיצוני, שלוותך באה אלי. אשתדל תמיד לשמוע את הד צעדיך.

כשיש לי אותך כאושר הכי עמוק במדיטציה הכי עמוקה, אני יודע שכל הדברים – שגשוג, בריאות וחוכמה – יתווספו אלי.

למד אותי לדוג אותך במצולות נשמתי.

מצא את אלוהים באושר

לא משנה מה הגורם, כל פעם שבועת אושר מופיעה בים
ההכרה הבלתי נראה שלך, אחוז בה והמשך להרחיב אותה. מדוט
עליה והיא תגדל. אל תסתכל על המגבלות של הבועה הקטנה של
אושרך, אלא המשך להרחיב אותה עד שהיא תגדל עוד ועוד. המשך
לנשוף לתוכה עם נשימת הריכוז מבפנים, עד שהיא תתפשט על פני
כל אוקיינוס האינסוף בהכרתך. המשך לנשוף לתוך בועת האושר עד
שהיא תשבור את חומותיה המגבילות ותהפוך לים האושר.

— ❧ —

בצליל הויול, החליל והאורגן בעל הצליל העמוק אני שומע את
קולו של אלוהים.

בתוך הנשמה קיים האושר שהאגו שלי מחפש. לפתע נעשיתי
מודע לאושרו העילאי, חלת הדבש בכוורת הדממה. אשבור את
כוורת הדממה הסודית ואשתה את דבש הברכה הבלתי פוסקת.

אהובי קורא לי

עם פרחים, עם שמיים בהירים, עם מן האושר האלוהי במוחות
שמחים, עם נשמות מלאות חוכמה, עם שירי ציפורים, עם מנגינות
אלוהיות בלבבות בני אדם, אהובי קורא לי לחזור על עקבותיי אל
בית השלווה שלו בתוכי.

אבקש את מלכות שמיים באושר הנובע ממדיטציה קבועה, ארוכה, עמוקה ומתמשכת. באופן מצפוני אחפש למצוא את אדוני בתוכי ולא אהיה מרוצה עם מעט השראה דמיונית שנובעת משתיקות קצרות וחסרות מנוחה. אעשה מדיטציה עמוקה יותר ויותר עד שארגיש בנוכחותו.

על ידי הכרת אלוהים, אשוב להיות ילדו. בלי שאבקש או אתחנן אקבל את כל השגשוג, בריאות וחוכמה.

הו אתה בושם כל הלבבות וכל הוורדים, לא אכפת לי כמה ימים של צער צורב חוצים את סף חיי כדי לחפש ולבחון אותי. דרך ברכתך הם יזכירו לי את שגיאותיי שהרחיקו אותי ממך.

מגן הכל, לא אכפת לי אם כל הדברים האחרים יילקחו ממני על ידי הגורל שיצרתי בעצמי; אבל אדרוש ממך, שלי, לשמור על הנר הדקיק של אהבתי אליך.

הו נוכחות מפוארת השוררת-בכל, אל תתני לאש ההיזכרות בך להיכבות ממשבי השכחה הנובעים ממערבולות ארציותי.

באמצעות מדיטציה אעצור את סערת הנשימה, חוסר השקט הנפשי והפרעות חושיות המשתוללות מעל אגם מוחי. באמצעות תפילה ומדיטציה ארתום את כוח הרצון והעשייה שלי למטרה הנכונה.

כס המלכות שלי השורר-בכל

ירדתי מכס מלכות האהבה שלי השורר-בכל מקום בחיק החלל ובליבם של אורות מנצנצים כדי למצוא מקום נעים בלב האדם.

שהיתי שם ארוכות, מנוע כניסה לביתי הגדול מאוד.

הייתי בכל מקום; ואז הסתרתי את עצמי במקומות הקטנים. עכשיו אני יוצא ממקומות המחבוא שלי. אני פותח את שערי מגבלות בן-האנוש של משפחה, מעמד חברתי, צבע עור ואמונה דתית. אני דוהר לכל עבר כדי להרגיש שוב את התודעה שלי של נוכחות בכל מקום.

דרך השקיפות של המדיטציה הכי עמוקה שלי אקבל את אור האב השורר-בכל מקום שעובר דרכי.

ברגע שאני חסר מנוחה או מוטרד בראש, אפרוש לדממה ולמדיטציה עד שהרוגע יחזור. אתחיל כל יום בריכוז ומדיטציה על הישות העליונה.

מדיטציות על המשיח

אלך בעקבות רועי האמונה, המסירות והמדיטציה. מודרך על ידי כוכב חוכמת הנשמה, הרועים יובילו אותי אל המשיח.

אני אראה את "היחיד", השתקפותו הבלעדית של אלוהים האב הטרנסצנדנטלי, נולד ברחם רטט חומרי סופי כאינטליגנציה משיחית שרועה על כל הבריאה לסוף אלוהי נבון.

אשבור את כבלי חוסר השקט וארחיב ללא גבולות את כוח המדיטציה עד שההכרה המשיחית האוניברסלית תוכל להתגלם במלואה דרכי.

ברך אותי, אבא, שהעין היחידה של ההכרה תוביל אותי לראות
מבעד כל המעטים של החומר את הנוכחות האינסופית של המשיח.

אעשה מדיטציה

אלוהים אהוב, כיוון ששום עיסוק ארצי לא אפשרי ללא שימוש
בכוחות שקבלתי ממך, אוותר על כל דבר שמפריע להתחייבות
היומית שלי לעשות מדיטציה עליך.

היום אעשה מדיטציה לא משנה כמה עייף אני חושב שאני. לא
ארשה לעצמי להיות קורבן של רעש מסיח את הדעת בעודי מנסה
לעשות מדיטציה. אעביר את הכרתי לעולם הפנימי.

דרך שער המדיטציה אכנס למקדש השלווה הנצחית של
אלוהים. שם אסגוד לו על מזבח שביעות רצון חדשה תמידית.
אדליק את אש האושר כדי להאיר את מקדשו בתוכי.

אעשה מדיטציה באופן קבוע כדי שאור האמונה יוביל אותי
אל ממלכתו האלמותית של אבי השמיימי.

אמא אלוהית, אסיר את מסך הכחול הכוכבי, אקרע מעלי את
מעטפת החלל, אמיס את מרבד הקסמים של המחשבות, אכבה את
תמונות סרט החיים מסיחות הדעת, שאוכל לראות אותך.

אני יודע שאפשר לדעת את אלוהים דרך מדיטציה, דרך
תפיסה אינטואיטיבית, אבל לא דרך המוח חסר המנוחה.

אפקח את עיני לאושר של המדיטציה; אז אראה את כל

החשכה נעלמת.

ארחץ בבריכה הקדושה של אהבת אלוהים המוסתרת מאחורי חומות המגן של המדיטציה.

אני אהפוך את הסביבה הפנימית שלי למושלמת דרך מדיטציה, כך שהיא תהיה אטומה לכל ההשפעות החיצוניות השליליות.

אתחיל כל יום עם מדיטציה על הישות העליונה.

במקדש הדממה אני מגלה את מזבח השלווה שלך. על מזבח השלווה אני מוצא את האושר החדש הנצחי שלך.

תן לי לשמוע את קולך, הו אלוהים, במערת המדיטציה. אני אמצא אושר עילאי תמידי מבפנים. אז שלווה תמלוך בליבי בין אם אני בדממה או באמצע עשייה.

כל כוכב שמים, כל מחשבה טהורה, כל מעשה טוב יהיו חלון שדרכו אוכל לראות אותך.

בריכוז ובמסירות אינסופיים שפוך הכרתך דרך העין הרוחנית אל האינסוף. שחרר נשמתך מכלא הגוף לתוך אוקיינוס הנשמה העצום.

על חששות חומריים

לעולם אל תאבד תקווה

אם אבדת תקווה להיות אי פעם מאושר, תתעודד. לעולם אל תאבד תקווה. הנשמה שלך, בהיותה השתקפות של הרוח האלוהית השמחה תמיד, היא, במהותה, האושר עצמו.

אם אתה שומר על עיני הריכוז שלך עצומות, אינך יכול לראות את שמש האושר בוערת בחיקך; אבל לא משנה כמה חזק אתה עוצם את עיני תשומת הלב שלך, העובדה בכל זאת נשארת בעינה שקרני האושר מנסות תמיד לחדור לתוך הדלתות הסגורות של מוחך. פתח את חלונות הרוגע ותמצא התפרצות פתאומית של שמש האושר הבוהקת בתוך אתה עצמך.

קרני הנשמה המאושרות ניתנות להבחנה אם תמקד את תשומת ליבך פנימה. ההבחנות האלו ניתנות להשגה על ידי אימון המוח שלך להנות מהנוף היפה של מחשבות בממלכה הבלתי-נראית, הבלתי-מוחשית בתוכך. אל תחפש את האושר רק בבגדים יפים, בתים נקיים, ארוחות טעימות, כריות רכות ומותרות. אלה יכלאו את אושרך מאוחרי סורגי החיצוניות. במקום, במטוס הוויזואליזציה שלך, גלוש מעל לאימפריית המחשבות הבלתי מוגבלת. שם, ראה את רכסי ההרים של שאיפות רוחניות, בלתי שבירות, נשגבות לשיפור עצמך ואחרים.

גלוש מעל העמקים העמוקים של אהדה אוניברסלית. עוף מעל גייזרים של התלהבות, מעל מפלי הניאגרה של חוכמה תמידית, צולל במורד חריצי שלוות נשמתך. המרא מעל הנהר האינסופי של תפישה אינטואיטיבית אל ממלכת נוכחותו השוררת-בכל.

שם, בטירת אושרו העילאי, שתה ממעיין החוכמה הלוחשת

שלו ורווה את צימאון תשוקתך. סעד עמו על פירות אהבה אלוהית באולם הנשפים של הנצח. אם החלטת למצוא אושר בתוכך, במוקדם או במאוחר תמצא אותו. חפש אותו עכשיו, מדי יום, על ידי מדיטציה עקבית עמוקה יותר ויותר מבפנים. עשה מאמץ אמיתי להיכנס פנימה ותמצא שם את אושרך הנכסף.

אור החיוכים

(עשה מדיטציה, תהה על זה ותרגל את זה מידי יום)

אדליק את גפרור החיוכים. מסך הקדרות שלי יעלם. אראה את נשמתי באור חיוכיי, מוסתרת מאחורי החשכה המצטברת של עידנים. כשאמצא את עצמי, אדהר דרך כל הלבבות עם לפיד חיוכיי נשמתי. ליבי יחייך קודם, ואז עיניי ופניי. כל איבר בגוף יזרח לאור החיוכים.

ארוץ בין סבך הלבבות המלנכוליים ואעשה מדורה מכל הצער. אני אש החיוכים שאי אפשר לעמוד בפניה. אאוורר עצמי ברוח שמחת אלוהים ואפלס דרכי בחשכת כל המוחות. חיוכיי יגלמו את חיוכיו וכל מי שיפגוש אותי יקלוט ריח ניחוח של אושרי העילאי. אשא לפידים ריחניים מטהרים של חיוכים לכל הלבבות.

אעזור לבוכים לחייך בזה שאני אחייך, גם כשזה קשה.

בשמחה של כל הלבבות אני שומע את הד אושרך העילאי. בחברות של כל הלבבות הנאמנים אני מגלה את החברות שלך. אני

שמח על השגשוג של אחיי באותה מידה שאני שמח על השגשוג שלי. בעוזרי לאחרים להיות חכמים אני מגדיל את חוכמתי. באושר של כולם אני מוצא את אושרי.

דבר לא יפגע בחיוכיי. מוות עגום, חולי או כישלון לא יכולים להרתיע אותי. אסון לא באמת יכול לגעת בי, כי בתוך נשמתי יש לי את האושר העילאי החדש-תמיד של אלוהים, הבלתי ניתן לכיבוש והבלתי ניתן לשינוי.

הו צחוק דומם אלוהי, מלוך תחת חופת הבעת פניי וחייך דרך נשמתי.

אנסה להיות מיליארדר של אושר, מוצא את עושרי במטבע ממלכתך - אושר עילאי חדש-תמיד. כך אספק את הצורך שלי בשגשוג רוחני וחומרי בו זמנית.

הפצת אושר אלוהי

כל יום, עם עלות השחר המוקדם, אקרין אושר לכל מי שאפגוש. אהיה אור שמש נפשית לכל מי שיחצה את דרכי. אדליק נרות של חיוכים בחיקם של חסרי האושר. החשכה תברח מפני האור הבלתי נמוג של שמחתי.

תן לאהבתי להפיץ את צחוקה בכל הלבבות, בכל אדם מכל גזע. תן לאהבתי לנוח בלבבות הפרחים, החיות ובגרגירים הקטנים של אבק כוכבים.

אנסה להיות מאושר בכל הנסיבות. אחליט להיות מאושר

בתוכי ברגע זה, היכן שאני נמצא היום.

תן לנשמה שלי לחייך דרך ליבי ותן לליבי לחייך דרך עיניי, כדי שאוכל לפזר את חיוכיך העשירים בלבבות עצובים.

תמיד אראה בחיי את דמותו המושלמת, הבריאה, החכמה-כולה והמאושרת-כולה של אלוהים.

האור המרפא של אלוהים

אורך המושלם שורר בכל חלקי גופי. בכל מקום שהאור המרפא מתגלם, יש שלמות. אני בריא, כי השלמות קיימת בתוכי.

אורך המרפא האיר בתוכי, מסביבי, אבל שמרתי על עיני ההבחנה הפנימית שלי סגורות ולא ראיתי את אורך המתמיר.

אני אצלול את מבט אמונתי דרך חלון העין הרוחנית ואטביל את גופי באור המרפא של ההכרה המשיחית.

אבא שבשמים, למד אותי לזכור אותך בעוני או בשגשוג, בחולי או בבריאות, בבורות או בחוכמה. למד אותי לפקוח את עיניי חוסר האמונה שלי העצומות ולראות את אורך המרפא באופן מידי.

לבריאות וחיוניות

היום אחפש את חיוניותו של אלוהים בשמש, שוטפת את גופי באורה כדי להעריך את המתנה המעניקה חיים והמשמידה מחלות

של קרני האולטרה-סגול מאלוהים.

אבא שבשמיים, תאי גופי עשויים מאור, תאי בשרי עשויים ממך. הם רוח אלוהית, כי אתה רוח אלוהית; הם נצחיים, כי אתה החיים.

אור בריאותך המושלמת מחלחל לפינות החשוכות של חולי גופי. בכל תאי גופי אורך המרפא זורח. הם בריאים לחלוטין, כי מושלמותך בהם.

אני מזהה שמחלתי היא תוצאה של הפרת חוקי בריאות. אני אתקן את הרוע דרך אכילה נכונה, פעילות גופנית וחשיבה נכונה.

עם אמונה באבי אני רואה את צללי המחלה נמחקים עכשיו ולתמיד. אני מודע לחלוטין שאורו קיים תמיד; אני לא איכנע לחשכה שיצרתי בעצמי, אלא אם בכוונה אעצום את עיני החוכמה שלי.

אבא, עזור לי, שאוכל ליצור באופן טבעי, בספונטניות ובקלות הרגל של אכילה נכונה. מי ייתן ולעולם לא אהפוך לקורבן של חמדנות ובכך אגרום לעצמי סבל.

אבא שבשמיים, טען את גופי בחיוניותך, טען את מוחי בכוחך הרוחני, טען את נשמתי באושרך, בנצחיות שלך.

אבא שבשמיים, מלא את עורקיי בקרני אורך הבלתי נראות שתעשנה אותי חזק ובלתי נלאה.

העין הכל-רואה נמצאת מאחורי עיניי. הן חזקות, כי אתה רואה דרכן.

אני לא הגוף

אל אהוב, אני יודע שאני לא הגוף, לא הדם, לא האנרגיה, לא המחשבות, לא המוח, לא האגו, לא האני אסטראלי. אני הנשמה הנצחית שמאירה את כולם, נותרת חסרת שינוי למרות השינויים שלהם.

נעורים נצחיים של גוף ומוח, הישאר איתי לתמיד, לתמיד, לתמיד.

יותר ויותר אהיה תלוי באנרגיה מהאספקה הבלתי מוגבלת של המקור הפנימי של ההכרה הקוסמית, ופחות ופחות ממקורות חיצוניים לאנרגיה גופית.

הו אבא, כוחך האינסופי והכל-מרפא נמצא בתוכי. גלם אורך דרך חשכת הבורות שלי.

הו רוח אלוהית, למדי אותי לרפא את הגוף על ידי טעינתו מחדש באנרגיה הקוסמית שלך; לרפא את המוח על ידי ריכוז וחיוכים.

לשדר לאחרים

רכז את מבט עיניך חסרות המנוחה על הנקודה בין הגבות. צלול לתוך הכוכב הקדוש של המדיטציה[*]. שדר מחשבות אהבה

---

[*] בעת מדיטציה עמוקה העין הטובה או הרוחנית (מכונה במקומות שונים בכתבי הקודש העין השלישית, כוכב המזרח וכדומה) מתגלה במרכז המצח. כוח הרצון,

ליקירך בעולם ולאלו שעזבו לפניך בגלימות של אור.

אין מרחק בין מוחות ונשמות, למרות שרכביהם הפיזיים עלולים להיות רחוקים אחד מהשני. במחשבה יקירנו באמת תמיד קרובים.

המשך לשדר, "אני שמח בשמחת יקיריי שנמצאים עלי אדמות או בעולם הבא."

תחילה אבקש את מלכות שמיים, ואוודא את האחדות הממשית שלי אתו. ואז, אם יהיה זה רצונו, כל הדברים - חוכמה, שפע ובריאות - יתווספו אלי כחלק מזכותי המולדת, מכיוון שהוא ברא אותי בצלמו.

אבא, הייתי כמו הבן האובד. נדדתי הרחק מבית כל הכוחות שלך, אבל עכשיו חזרתי לבית ההכרה העצמית שלך. אני רוצה את הדברים הטובים שלך יש, כי כולם שייכים לי. אני הילד שלך.

אני צלם הרוח העליונה. לאבי יש הכל. אני ואבי אחד. כשיש לי את האבא, יש לי הכל. בבעלותי כל מה שבבעלותו.

אבא שבשמיים, עכשיו אני מבין שכל העיסוקים בחיים חומריים, למרות שהוכתרו כמספקים, מציעים רק אושר זמני. באחדות איתך אמצא את מאגר המים של אושר עילאי נצחי.

המוקרן מנקודה זו, הוא מתקן השידור של המחשבות. רגשותיו של האדם וכוחו הרגשי, כשמרכזים אותם בשלווה בלב, הופכים אותו לרדיו מנטלי שמקבל מסרים מאנשים אחרים, רחוקים או קרובים." - אוטוביוגרפיה של יוגי

ידידות ושרות

אני אשהה בלבבות פתוחים - חבר לא מוכר, מעורר אותם תמיד לרגשות קדושים, בדממה דוחק בהם דרך מחשבותיהם האציליות לנטוש את תרדמת הארציות שלהם. באור החוכמה ארקוד עם כל שמחותיהם במבואת הדממה הבלתי נראית.

אני אראה את האדם, שמחשיב עצמו כעת לאויבי, כאחי האלוהי המתחבא מאחורי מעטה של אי הבנה. אקרע הצידה את המעטה הזה עם פגיון של אהבה, כך שכאשר יראה את הבנתי הצנועה והסלחנית הוא לא ידחה עוד את מנחת הרצון הטוב שלי.

דלת הידידות שלי לעולם תהיה פתוחה באותה מידה עבור האחים ששונאים אותי ולאלה שאוהבים אותי.

ארגיש עם אחרים כמו שאני מרגיש עימי. אפעל למען הגאולה שלי בכך שאשרת את אחיי.

אני יודע שאם אציע את ידידותי לכולם, כפי שעשה המשיח, אתחיל להרגיש את האהבה הקוסמית, שהיא אלוהים. ידידות אנושית היא הד לידידות האל. הדבר הנשגב ביותר שישו המשיח הדגים היה לתת אהבה בתמורה לשנאה. לתת שנאה עבור שנאה זה קל, אבל לתת אהבה לשנאה זה הרבה יותר קשה והרבה יותר אדיר. לכן אכלה שנאה באש היוקדת של אהבתי המתפשטת.

אקח את הטוב ביותר מכל עם. אעריך את התכונות הטובות של כל הלאומים ולא אשים את תשומת ליבי על שגיאותיהם.

היום אשבור את גבולות האהבה העצמית ואהבות משפחתיות

ואגדיל את ליבי מספיק עבור כל ילדיו של אלוהים. אצית אש של אהבה אוניברסלית, ואראה את אבי שבשמיים שוכן במקדש כל הקשרים הטבעיים. כל רצון לחיבה אטהר ואספק בהשגת האהבה הקדושה של אלוהים.

אשרת את כולם

הו מעניק האושר העילאי הבלתי פוסק! אנסה לעשות אחרים למאושרים באמת, מתוך הכרת תודה על האושר העילאי שהענקת לי. דרך אושרי הרוחני אשרת את כולם.

היום אני סולח לכל מי שאי פעם פגע בי. אני מעניק את אהבתי לכל הלבבות הצמאים, גם לאלה שאוהבים אותי וגם לאלה שלא אוהבים אותי.

אהיה דייג של נשמות. אתפוס את הבורות של אחרים ברשת חוכמתי ואציע אותה להתמרה לאלוהי כל האלים.

אקרין אהבה ורצון טוב לאחרים, כדי שאוכל לפתוח ערוץ לאהבת אלוהים לבוא לכולם.

אני יודע שאני אחד עם אור טובך. מי ייתן ואהיה למגדלור עבור אלה הנזרקים בים העצב.

אני המשרת המוכן לשרת את כל המוחות הנזקקים עם עצותיי הפשוטות, עם מתנותיי של אמת מרפא ועם חוכמתי הענווה שאספתי במקדש הדממה. השאיפה הכי גבוהה שלי היא להקים מקדש של דממת נשמה בכל אדם שאני פוגש.

שגשוג אלוהי

מלך היקום הוא אבא שלי. אני הנסיך – יורשו של כל ממלכתו של כוח, עושר וחוכמה.

בגלל שנפלתי לתוך מצב שכחה של מקבץ נדבות בן תמותה, נכשלתי מלתבוע את זכותי המולדת.

הו אבא, אני רוצה שגשוג, בריאות וחוכמה ללא גבולות, לא ממקורות ארציים אלא מידיך המחזיקות-בכל, הכל-עוצמתיות והכל-שופעות.

לא אהיה קבצן, מבקש שגשוג, בריאות וידע מוגבלים של בן תמותה. אני הילד שלך ולכן אני דורש, ללא הגבלה, את חלקו של הבן האלוהי מעושרך הבלתי מוגבל.

— ❧ —

אבא, תן לי להרגיש שאני ילדך. הצל אותי מקבצנות! תן לכל הדברים הטובים, כולל בריאות, שגשוג וחוכמה לחפש אותי במקום שאני ארדוף אחריהם.

אדוני, למד אותי לזכור ולהיות אסיר תודה על כל שנות הבריאות שנהניתי מהן.

אבזבז פחות ופחות, לא כמו קמצן, אלא כאדם בעל שליטה עצמית. אבזבז פחות כדי שאוכל לחסוך יותר ועם חסכונותיי להביא בטחון כלכלי לעצמי ולמשפחתי. אני גם אעזור בנדיבות לאחיי בני האדם הנזקקים.

ממלכת הכוכבים וכל עושר הארץ שייכים לך, אבי האלוהי. אני
ילדך; לכן אני הבעלים של כל הדברים כמוך.

אבא, למד אותי לכלול את השגשוג של אחרים במרדף אחר
השגשוג שלי.

האחד בכולם

אראה את הבלתי נראה בצורות הגלויות של אבי, אמי וחבריי,
שנשלחו לפה לאהוב אותי ולעזור לי. אראה את אהבתי לאלוהים
באהבתי אותם. בביטויי החיבה האנושיים שלהם אזהה רק את
האהבה האלוהית האחת.

— ❦ —

אני משתחווה למשיח במקדשים של כל האחים האנושיים,
במקדש כל החיים.

הו אבא, למד אותי להרגיש שאתה הכוח מאחורי כל העושר,
והערך בתוך כל הדברים. במצאי אותך קודם, אמצא בך את כל
השאר.

בכל מקום שאנשים מעריכים את מאמציי לעשות טוב, אדע
ששם המקום בו אוכל להעניק את השרות הטוב ביותר.

הו אדון החוק, מאחר שכל העניינים מודרכים במישרין או
בעקיפין על פי רצונך, אעלה את נוכחותך באופן מודע למוחי
באמצעות מדיטציה, על מנת לפתור את הבעיות שהחיים שלחו לי.

אלוהים הוא שלווה. השלם עם השלווה האינסופית בתוכך. אלוהים הוא האושר העילאי החדש תמיד של המדיטציה. היכנע לאהבה העצומה בתוכך.

הו האחד האינסופי, לעולם הראה את פניך הזורחות בכל שמחותיי ובאור אהבתי אליך הזוהר כאש.

למד אותי לדעת שאתה הכוח השומר עלי בריא, משגשג ומחפש את האמת שלך.

אני ניצוץ מהאינסוף. אני לא בשר ועצמות. אני אור.

בעזרתי לאחרים להצליח אמצא את השגשוג שלי. ברווחתם של אחרים אמצא את הרווחה שלי.

על שיפור עצמי

מדיטציה על קרני הירח

ערבב את מוחך עם קרני הירח בלילה. שטוף את צערך בקרניים שלהם. הרגש את האור המיסטי מתפשט בדממה מעל גופך, מעל עצים, מעל שטחי אדמה עצומים. בעודך עומד בחלל הפתוח עם עיניים שקטות, ראה, מעבר לגבולות נוף קרני-הירח-המתגלות, את הקצה המעומעם של האופק הזוהר. תן למוחך, על ידי פעימות כנפיים יציבות של מדיטציה, להתפשט מעבר לקוי הנוף הגלוי ומעבר לאופק. תן למדיטציה שלך לרוץ מעבר לשפת הנראה לארצות הדמיון.

פרוש מוחך מהעצמים הנראים בקרני הירח לכוכבים המעומעמים והשמים הרחוקים השוכנים מעבר בשקט הנצחי של האתר, שכולו פועם חיים. צפה בקרני הירח מתפשטות, לא רק לצידה האחד של האדמה אלא לכל מקום באזור הנצחי של מוחך המרווח. עשה מדיטציה עד אשר, תחת קרני הירח הנעימים של שלוותך, תדהר מעל שמים חסרי עקבות ובהכרה תראה את היקום כאור.

השגת חופש

למה לקשור את הנשמה האינסופית למוצב גרמי של בשר? שחרר! חתוך את הכבלים של תודעת הבשר, היקשרות לגוף, רעב, הנאה, כאב ומעורבות גופנית ונפשית. הירגע. שחרר את הנשמה מהאחיזה של הגוף. אל תיתן לנשימה הכבדה להזכיר לך את הסורגים הפיזיים שלך. שב ללא נוע, בדממת אי-הנשימה,

מצפה בכל רגע לרוץ לחופש אל האינסוף. אל תאהב את הכלא הארצי שלך.

שחרר את המוח מהגוף באמצעות הקצה החד של סכין חוסר התזוזה. שחרר את ההכרה שלך מהגוף. אל תשתמש בו עוד כתירוץ לקבל מגבלות. הפנה את הכרתך ממוצב הגוף הכובל. האץ את הכרתך אל מעבר לגוף, סוחף את המוחות, הלבבות והנשמות של אחרים. הדלק את אורך בכלל החיים. הרגש שאתה החיים האחד שמאיר על כל הבריאה.

— ❧ —

פעילות יצירתית

אשתמש ביכולת החשיבה היצירתית שלי כדי להצליח בכל משימה בעלת ערך שאקח על עצמי. אלוהים יעזור לי אם גם אני אנסה לעזור לעצמי.

קברתי אכזבות מתות בבתי הקברות של אתמול. היום אחרוש את גן חיי עם מאמצי היצירתיים החדשים. שם בפנים אזרע זרעים של חוכמה, בריאות ואושר. אשקה אותם בביטחון עצמי ובאמונה ואחכה לאלוהי שייתן לי את הקציר הראוי.

אם לא אקצור את הקציר, אהיה אסיר תודה על הסיפוק שניסיתי כמיטב יכולתי. אודה לאלוהים שאני יכול לנסות שוב ושוב עד שבעזרתו אצליח. אודה לו כשאצליח להגשים את משאלות ליבי הראויות.

— ❧ —

אנסה לבצע רק פעולות נאצלות ואצילות כדי לרצות את אלוהים.

אני הקברניט של ספינתי של שיקול דעת טוב, רצון ועשייה. אנחה את ספינת חיי, רואה תמיד את כוכב הקוטב של שלוותו זוהר ברקיע המדיטציה העמוקה שלי.

אהיה פעיל ברוגע ורגוע פעיל. לא אהפוך לעצלן ומאובן נפשית. גם לא אהיה פעיל יתר על המידה, מסוגל להרוויח כסף אבל לא להנות מהחיים. אעשה מדיטציה באופן קבוע כדי לשמור על איזון אמיתי.

היום אני פותח את דלת הרוגע שלי ונותן לצעדי הדממה להיכנס בעדינות אל מקדש כל פעילותיי. אבצע את כל חובותיי ברוגע, רווי בשלווה.

בעודי מפעיל ומאמן את כוחות היצירתיות שלי אזכור שאתה הוא זה הפועל ויוצר דרכי.

לעבוד למען אלוהים

אני ארכוש ריכוז שמימי עמוק נתון-אלוהים, ואז אשתמש בכוחו הבלתי מוגבל כדי לעמוד בכל דרישות חיי.

אעשה הכל בתשומת לב עמוקה: עבודתי בבית, במשרד, בעולם - כל המחויבויות הגדולות והקטנות יבוצעו היטב.

על כס המחשבות הדוממות אלוהי השלווה מכוון את מעשיי היום.

לאחר שאצור קשר עם אלוהים במדיטציה אעסוק בעבודתי, תהיה אשר תהיה, בידיעה שהוא עימי, מכוון אותי ונותן לי את הכוח להגשים את מה שאליו אני שואף.

אשתמש בכספי כדי להפוך את משפחת העולם לטובה ושמחה יותר, לפי מידת היכולת שלי.

התגברות על פחד ודאגה

אלוהים בתוכי, מסביבי, מגן עלי, לכן אני אגרש את אפלולית הפחד שמכבה את אורו המכוון וגורמת לי למעוד לתוך תעלות של טעויות.

אמחה, בצעיף המרגיע של שלוות האמא האלוהית, את חלומות הפחדים על מחלות, עצבות ובורות.

למד אותי להיות אמיץ בעקשנות ובזהירות במקום להיות מפוחד לעיתים תכופות.

אני מוגן מאחורי קרבות מצפוני הטוב. שרפתי את עברי. אני מעוניין רק בהיום.

לא אפחד מדבר חוץ מעצמי, כאשר אני מנסה לרמות את מצפוני.

היום אשרוף את זרדיי הדאגות והפחדים, ואצית את אש השמחה כדי להאיר את מקדש האלוהים בפנים.

אבא, למד אותי לא לענות את עצמי ואחרים בשרפות

המכוערות של הקנאה. למד אותי לקבל בשביעות רצון את מידת הטוב לב והחברות מהאהובים שלי שמגיעה לי. למד אותי לא להתבכיין על מה שאולי לא אקבל. למד אותי להשתמש באהבה במקום בקנאה כדי לעורר אחרים לקיים את חובתם כלפיי.

כשם שהשמש מפיצה קרני אור חיוניות, אפיץ קרני תקווה בלבבות העניים והעזובים ואצית כוח חדש בליבם של אלה החושבים עצמם כישלונות.

אחפש בטחון אלוהי קודם כל, בסוף וכל הזמן, במחשבה הבסיסית הקבועה על אלוהים, חברי ומגיני האדיר ביותר.

רוח שמימית, ברכי אותי שאוכל למצוא בקלות שמחה במקום להיות מודאג מכל מבחן וקושי.

התגברות על כעס

אני מחליט לעולם לא לשאת עוד כעס על פניי. לא אזריק את רעל הכעס ללב השלווה שלי ובכך להרוג את חיי הרוחניים.

אכעס רק על כעס ולא על שום דבר אחר. אני לא יכול לכעוס על אף אחד כי הטובים והרעים שניהם אחים אלוהיים הנולדו מאבי האלוהי האחד.

ארגיע את זעמם של אחרים על ידי הדוגמה הטובה של הרוגע שלי, במיוחד כשאני רואה את אחיי סובלים מהזיית הכעס.

למד אותי לא להצית כעס ובכך להרוס, בהתלקחות זעם, את נווה המדבר הירוק של שלווה בתוכי ובאחרים. למד אותי במקום לכבות את הכעס בזרם העז של אהבתי הבלתי פוסקת.

אבא שבשמיים, צווה על אגם טוב ליבי להישאר תמיד ללא הפרעה מסופות הכעס הגורמות לאומללות.

על ביקורת ואי הבנה

לא אבזבז זמני בדיבור על מגרעות של אחרים. אם אני מוצא את עצמי נוטה להנות מלבקר אחרים, אדבר תחילה בקול רם נגד עצמי לפני אחרים.

לא אבקר אף אחד אלא אם אתבקש על ידם לעשות זאת ואז רק מתוך רצון לעזור.

אנסה לרצות את כולם על ידי מעשים אדיבים ומתחשבים, שואף תמיד להסיר כל אי הבנה שנגרמה על ידי ביודעין או שלא ביודעין.

אני תמיד אאחוז גבוה בלפיד בלתי נמוג של אדיבות מתמשכת כדי להדריך את ליבם של מי שלא מבינים אותי.

אני מוחה את דמעות הצער שלי, מגלה שזה לא משנה לך אם אני משחק תפקיד גדול או קטן, כל עוד אני משחק אותו היטב.

ראשית אחפש את אלוהים; אז כל רצונותיי יסופקו. בין אם אני גר בארמון או בבקתה לא ישנה דבר.

אשתמש בכסף שרכשתי ביושר כדי לחיות בפשטות, ללא מותרות.

אני מחליט שאף אחד לא יכול לרגש אותי במילים או מעשים

מעליבים ושאף אחד לא יכול להשפיע עלי על ידי שבחים לחשוב שאני גדול ממה שאני.

לא יהיה לי אכפת כלל מביקורת אכזרית ושקרית וגם לא מזרי שבחים. רצוני היחיד הוא לעשות את רצונך, לרצות אותך, אבי שבשמים.

אגיד את האמת, אבל אמנע בכל עת מלדבר אמיתות לא נעימות או מזיקות. לא אציע שום ביקורת שאינה מונעת מטוב לב.

אפיץ את אור רצוני הטוב בכל מקום שבו שוכנת אפלת אי ההבנה.

על ענווה וגאווה

כל כוחותיי אינם אלא כוחות שאולים ממך. אין אדיר ממך, הו אבא שלי! הייתי מפסיק לחיות ולהביע ללא חוכמתך וכוחך. אתה כל כך גדול; אני כל כך קטן.

תאמן אותי לא להיות גאה. אתה הגורו-המנחה, מלמד במקדש כל הנשמות. אני משתחווה לך לכפות רגליי כולם.

אכבוש גאווה על ידי ענווה, זעם על ידי אהבה, התרגשות על ידי רוגע, אנוכיות על ידי חוסר אנוכיות, רוע על ידי טוב, בורות על ידי ידע, ואי שקט על ידי השלווה העילאית הנרכשת בשקט של הדממה הפנימית.

אתגאה בהיותי צנוע. ארגיש כבוד כשייענו אותי על עשיית עבודתו של אלוהים. אשמח על כל הזדמנות לתת אהבה תמורת שנאה.

על הנאות ארציות

אש החוכמה בוערת. אני מלבה את הלהבה. אין טעם להתעצב עוד! כל ההנאות המתכלות, כל השאיפות הזמניות, אני משתמש בהן כזרדים ללבות את האש הנצחית של הידע. את ענפיי התשוקה האהובים הישנים ששמרתי כדי לבנות מהם רהיטיי תענוגות, השלכתי לתוך הלהבות הרעבות.

הא, אינספור השאיפות שלי מתפצפצות בשמחה למגע הלהבה של אלוהים. ביתי העתיק יומין של תשוקות, רכוש, גלגולים, ממלכות רבות של דמיונותיי, ארמונות אוויר של חלומותיי- כולם מתכלים באש הזו שהצתי בעצמי.

אני מביט על הלהבה הזו לא בצער אלא בשמחה, כי האש הזאת לא רק שרפה את ביתי החומרי, אלא גם את כל בנייני דמיוני רדופי הצער. אני שמח יותר מעושרם של מלכים.

אני מלך של עצמי, לא מלך של רכוש המשועבד לחשקים. אין כלום ברשותי, ולמרות זאת אני השליט של ממלכת שלוותי הבלתי נדלית. אני כבר לא עבד שמשרת את החששות שלי מהפסדים אפשריים. אין לי מה להפסיד. אני מולך על שביעות רצון תמידית. אני אכן מלך.

התגברות על פיתוי

למד אותי, הו רוח אלוהית, להבחין בין האושר הנצחי של הנשמה לתענוגות חושיים זמניות.

למד אותי לא לשקוע בתענוגות חושיים חולפים. למד אותי

לחנך את חושיי שהם תמיד יגרמו לי להיות מאושר באמת. למד אותי להחליף את פיתויי הגוף בפיתוי הגדול יותר של שמחת הנשמה.

אני צוחק על כל הפחדים, כי אבי-אמי, אלוהי האהוב, ערני ונוכח בכל מקום במטרה מכוונת להגן עלי מפני פיתויי הרוע.

הו כובש נצחי! למד אותי לאמן בתוכי תכונות אציליות – חיילים של רוגע ושליטה עצמית. תהיה אתה מפקדם האלוהי בקרב נגד האויבים האפלים: כעס, אי הכרת תודה, שקריות. מי ייתן ואעלה על ממלכת חיי את דגל הצדק הבלתי מנוצח שלך.

הו אבא, אמן את ילדי חושיי לא לנדוד הרחק מביתך. הפנה עיניי פנימה שאוכל להביט ביופייך המשתנה תמידית; אמן את אוזניי להקשיב לשירך הפנימי.

אמא אלוהית, למדי אותי להיות כל כך קשור אלייך שלא אוכל להיות כבול להנאות חומריות. למדי אותי דרך אהבתך לכבוש כל רצון לחיים ארציים.

מורה אלוהי, חנך את חושיי הסוררים הלא חכמים; הפוך את תענוגותיהם רוחניים, שתמיד יסתכלו מעבר לאשליה של צורות נראות מנצנצות וימצאו את ההנאות האלוהיות של הפשטות.

לפתח רצון

היום אחליט להצליח בכל מה שאעשה. כוח הרצון הוא גורם אדיר בכל הפעילויות. הוא יכול להתחיל תנועות אינסופיות של אנרגיה קוסמית.

הו אנרגיה נצחית, העירי בתוכי רצון מודע, חיוניות מודעת, בריאות מודעת והכרה מודעת.

למדי אותי, הו רוח אלוהית, לשתף פעולה עם רצונך עד שכל מחשבותיי תהינה מותאמות לתוכניותייך ההרמוניות.

יש בתוכי כוח חבוי להתגברות על כל המכשולים והפיתויים. אביא קדימה את הכוח והאנרגיה האלו הבלתי ניתנים להכנעה.

אדון בלתי מנוצח, למד אותי להשתמש ברצון שלי ללא הרף בביצוע פעולות טובות, עד שהאור הקטן של רצוני יבער כמו הלהבה הקוסמית של רצונך הכל-יכול.

אבא אהוב, אני יודע שבעזרת כוח רצון איתן אני יכול להתגבר על מחלה, כישלון ובורות, אבל רטט הרצון חייב להיות חזק יותר מרטט המחלה הפיזית או הנפשית. ככל שהמחלה יותר כרונית, כך הנחישות, האמונה ומאמץ הרצון חייבים להיות יותר חזקים, יציבים ובלתי נרתעים.

היום אטפח יוזמה. איש היוזמה יוצר יש מאין; הוא הופך את הבלתי אפשרי לאפשרי דרך כוח ההמצאה העצום של הרוח.

אבא שבשמיים, עזור לי לחזק את כוח הרצון שלי. למד אותי לא להיות משועבד להרגלים. הנחה אותי שאוכל לפתח את עצמי רוחנית על ידי משמעת פנימית וחיצונית.

אכוון את רצוני החופשי לרצונו האינסופי של אלוהים, ורצוני היחיד יהיה לעשות את רצונו של מי שהציב אותי כאן.

חוכמה והבנה

מכיוון שצלמך המושלם הבל ימחה נמצא בתוכי, למד אותי למחוק את כתמי הבורות השטחיים ולדעת שאתה ואני, היום ומעולם, אחד.

מי ייתן וכל המחשבות השטניות הרעשניות יתעופפו, שלחישות-שירך הדוממות המנחות ישמעו בנשמתי השכחנית.

אראה חוכמה בבורות, שמחה בצער, בריאות בחולשה; כי אני יודע ששלמות האלוהים היא המציאות היחידה.

אני ילד אלמוות של אלוהים, החי לזמן קצר בתחנת הביניים של הגוף הזה. אני כאן כדי לראות את הטרגדיות והקומדיות של החיים המשתנים האלו בגישה של שמחה לא משתנה.

מכיוון שאלוהים נתן לי את כל מה שאני צריך, ראשית אדע אותו ואז אשתמש בעצתו כדי לרצות ולעשות רק את מה שהוא רוצה.

בהיותי ניחן בבחירה חופשית, אני בן האלוהים במציאות. חלמתי שאני רק בן תמותה. אני ער עכשיו. החלום שנשמתי כלואה בכלוב הגוף נעלם. אני כל מה שאבי האלוהי הוא.

בכל בוקר אני אעיר את השופט של ההתבוננות העצמית הלא משוחדת שלי ואבקש ממנו לשפוט אותי בפני בית הדין של מצפוני. אני אנחה את התובע המחוזי של ההבחנה להעמיד לדין את טעויותיי הסוררות שגונבות את עושר השלווה של נשמתי.

אבנה אחוזות של חוכמה בגן השלווה הבלתי נמוג, הזוהר בפריחה של תכונות נשמה יפות.

אשאף להפוך את עצמי ואת כל האחרים לעשירים באלוהים, ראשון ואחרון.

אלוהים האב הטרנסצנדנטי, אלוהים ההכרה המשיחית, אלוהים כוח הרטט היצירתי הקדוש, הענק לי חוכמה לדעת את האמת! ובאמצעות המאמצים האישיים שלי והכרת החוק, תן לי לטפס בסולם היקר ערך של מימוש, לעמוד סוף סוף על פסגת ההשגה הזוהרת, פנים מול פנים עם הרוח האלוהית האחת.

מרגמה אחר מרגמה של כמיהתי אליך תשבור את חומת האשליה. בטילי חוכמה ורובים החלטיים של נחישות אהרוס את מבצר הבורות שלי.

אבא יקר, לא משנה מה התנאים העומדים בפני, אני יודע שהם מייצגים את הצעד הבא בהתגלות שלי. אקבל בברכה את כל המבחנים כי אני יודע שבתוכי נמצאים האינטליגנציה להבין והכוח להתגבר.

אני נסיך השלווה היושב על כס הקור רוח, מכוון את ממלכת הפעילות.

במקום להיות מפוזר דעת, אנצל את רגעי הפנאי שלי כדי לחשוב עליך.

אבא אלוהי, היום אעשה מאמץ להבין את החשיבות הגדולה בשימוש נבון בכוח הרצון שלי בכל עת.

אכוונן עצמי לרצונך המודרך מחוכמה כדי לכוון את רצוני המודרך מהרגל.

אטפח רוגע מוחי, בידיעה שאלוהים תמיד עימי. אני רוח אלוהית!

מדיטציות של חג המולד

— ❧ —

מדיטציה לערב חג המולד

הרם מבטך והתרכז פנימה. ראה את הכוכב האסטרלי של חוכמה אלוהית ותן למחשבות החכמות בתוכך לעקוב אחרי הכוכב הטלסקופי הזה כדי לראות את המשיח בכל מקום.

בארץ זו של חג המולד הנצחי, של הכרה משיחית חגיגית השוררת-בכל, תמצא את ישו, קרישנה, הקדושים מכל הדתות, המורים-הגורואים הגדולים מחכים לתת לך קבלת פנים פרחונית אלוהית ואושר נצחי.

הכן את עצמך לבואו של התינוק המשיחי על ידי קישוט עץ חג המולד הפנימי. סביב העץ הקדוש הזה הנח מתנות של רוגע, סליחה, אצילות, שירות, טוב לב, הבנה רוחנית ומסירות, כל אחד עטוף בכיסוי זהב של רצון טוב וכרוך בחוט כסף של הכנות הטהורה שלך.

מי ייתן ואדוני, בבוקר חג המולד של התעוררותך הרוחנית, יפתח את המתנות המהממות של מנחות לבבך, החתומות בדמעות שמחתך והכרוכות בחבלים של נאמנותך הנצחית לו.

הוא מקבל רק מתנות של תכונות נשמה קדושות. הקבלה שלו תהיה מתנתו האדירה ביותר שלו אליך; מכיוון שזה אומר, שבתמורה, המתנה שהוא יעניק לך תהיה לא פחות מאשר הוא עצמו. בנותנו את עצמו הוא יהפוך את ליבך גדול מספיק להחזיק בו. ליבך יפעם עם המשיח בכל.

תהנה מחגיגה זו, הולדת המשיח, במוחך בנשמתך ובכל אטום חי.

על ידי מדיטציה יומית תכין את ערש הכרתך להחזיק את התינוק המשיחי האינסופי. כל יום יהפוך לחג מולד אמיתי של התייחדות אלוהית.

—❦—

אהיה בן אלוהים, כמו שישו היה, על ידי שאקבל את אלוהים
במלואו דרך הכרתי הקדושה, המורחבת דרך מדיטציה.

שבועת חג מולד

אתכונן לבואו של התינוק המשיחי השורר-בכל מקום על ידי
ניקוי עריסת הכרתי, כעת חלודה באנוכיות, אדישות והתקשרות
לחושים; ועל ידי שאלטש אותה במדיטציה אלוהית עמוקה יום
יומית, התבוננות פנימית והבחנה. אעצב מחדש את העריסה עם
תכונות-הנשמה המסנוורות של אהבת אחים, ענווה, אמונה, רצון
להכרה אלוהית, כוח רצון, שליטה עצמית, פרישות וחוסר-אנוכיות,
שאוכל לחגוג כראוי את לידתו של הילד האלוהי.

מדיטציה לבוקר חג המולד

חגוג את הולדת המשיח בעריסת הכרתך במהלך עונת חג
המולד. תן לתפישתו העצומה בטבע, בחלל ובאהבה אוניברסלית
להיות מורגשת בליבך.
שבור את המגבלות של מעמד, צבע, גזע, דעות קדומות דתיות
וחוסר הרמוניה, כדי שעריסת ליבך תהיה גדולה מספיק כדי להחזיק
בתוכך את האהבה המשיחית לבריאה כולה.
בכל בוקר חג המולד של תפישתך הפנימית, הכן חבילות יקרות
של תכונות אלוהיות ומסור אותם לנשמות אהובות המתאספות

סביב עץ חג המולד של התעוררות פנימית* להנציח את הולדתו
בהבנה, אמת ואושר-עילאי.

כשאתה חוגג את הולדתה של ההכרה המשיחית הכל-יודעת
והשוררת-בכל מקום בחגיגת חג המולד המשמחת של התעוררותך
הפנימית, תמצא את האושר הבלתי פוסק של חלומותיך.

תן להכרה המשיחית† הכל-יודעת לבוא לעולם בפעם השנייה
ולהיוולד בתוכך, כפי שהתגלמה בהכרתו של ישו.

המשיח המשתנה

המשיח תמיד שכן בתוכי. הוא הטיף דרך הכרתי לכל מחשבותיי
הסוררות והצבועות. עם מטה קסמים של אינטואיציה מדיטטיבית
הוא הרגיע את הסופות בים חיי ובחיי רבים אחרים. הייתי עיוור
מנטלית, רצוני היה צולע; אבל נרפאתי על ידי המשיח שהתעורר בי.

המשיח הלך על המים חסרי המנוחה של מוחי, ולמרות זאת
יהודה איש קריות של אי-שקט ובורות, המולכים שולל על ידי שטן
פיתויי החושים, בגדו ברוגע המשיחי, באושר המשיחי בתוכי וצלבו
את האלוהי על צלב השכחה.

המשיח ציווה על חוכמתי המתה לצאת מתוך שק האשליה
שלה, והעלה את חוכמתי לחיים חדשים.

סוף סוף הרצון, האמונה, האינטואיציה, הטוהר, התקווה,
המדיטציה, הרצונות הנכונים, ההרגלים הטובים, השליטה העצמית,

---

* כלומר, עמוד השדרה, עם ששת הצ'אקרות או המרכזים של אור ואנרגית חיים.
† בסנסקריט, *Kutastha Chaitanya*, הכרת האושר העילאי בבריאה כולה הנשארת
תמיד חסרת שינוי. הכרה ברוח האלוהית כאימננטית בכל אטום בבריאה המרטטת.

ההתעלות מהחושים, המסירות, החוכמה שלי – כל החסידים הללו
נשמעו לדברות המשיח שהופיע על ההר הגבוה של המדיטציה שלי.

הו משיח חי, הנוכח בגופו של ישו ובכולנו, גלם עצמך במהות
הפאר שלך, בעוצמת אורך, בכוח חוכמתך המושלמת.

מדיטציית חג מולד

כל מחשבותיי מקשטות את עץ חג המולד של המדיטציה שלי
במתנות הנדירות של מסירות, חתומות בתפילות-לב מוזהבות
שהמשיח יבוא ויקבל את מתנותיי הצנועות.

אחבור מנטלית לפולחן בכל המסגדים, כנסיות ובתי כנסת;
ואתפוס את לידתה של ההכרה המשיחית האוניברסלית כשלווה
על מזבח כל הלבבות המסורים.

הו משיח, מי ייתן והולדת אהבתך תורגש בכל הלבבות בחג
מולד זה ובכל שאר הימים.

הו משיח, ברך את ילדיך שישתפו פעולה בתוכם עם חוקיך.
גרום לנו להבין שאתה המקלט הטוב ביותר מפני כל פגיעה.

למד אותנו, הו משיח, להיות מסורים לאבינו כמוך.

לאחר שחיכה לי במשך גלגולים רבים, המשיח נולד בי מחדש.
כל גבולות מוחי הקטן נפרצו כדי שילד-המשיח יוכל לקום על חיק
הכרתי.

ההכרה המשיחית בתוכי היא הרועה שיוביל את מחשבותיי

חסרות המנוחה לביתי של שלווה אלוהית.

הו אדוני! עשה את ליבי גדול מספיק להחזיק בך, שיפעם עם
ההכרה המשיחית בכל. אז אהנה מחגיגות לידתך במוחי, נשמתי
ובאחדות עם כל אטום פועם.

אודות המחבר

"אידיאל אהבת האל ושרות המין האנושי בא לידי ביטוי עמוק בחייו של פרמאהנסה יוגאננדה ... למרות שמרבית חייו עברו עליו מחוץ לגבולות הודו, שמור לו מקום של כבוד בקרב קדושיה הגדולים. פועלו ממשיך להתפתח ולהאיר ביתר שאת, ולקרב אנשים מכל העולם לנתיב המסע הרוחני."

– מתוך עלון זיכרון שפרסמה ממשלת הודו בעת הנפקת בול זיכרון לכבודו של פרמאהנסה יוגאננדה ביום השנה העשרים וחמישי למהסמדהי שלו.

נולד בהודו ב-5 בינואר, 1893, פרמאהנסה יוגאננדה הקדיש חייו לעזור לאנשים מכל הגזעים והאמונות השונות לממש ולהביע בחייהם את היופי, האצילות והאלוהות האמיתית של הרוח האנושית בצורה מלאה יותר.

לאחר שסיים את לימודיו באוניברסיטת כלכותה בשנת 1915, שרי יוגאננדה נדר שבועות רשמיות כנזיר של מסדר הסוואמי הנזירי המכובד של הודו. שנתיים לאחר מכן, הוא החל את מפעל חייו עם ייסוד בית הספר "כיצד לחיות" – שמאז גדל לשבעה עשר מוסדות חינוכיים ברחבי הודו – מקום בו נושאים אקדמאים מסורתיים הוצעו יחד עם אימון והדרכת יוגה באידיאלים רוחניים. בשנת 1920, הוזמן לשמש כנציגה של הודו בקונגרס בינלאומי של דתיים ליברלים בבוסטון. נאומו בקונגרס והרצאותיו הנוספות לאחר מכן בחוף

המזרחי התקבלו בהתלהבות רבה, ובשנת 1924 הוא יצא למסע נאומים חוצה יבשות.

במהלך שלושת העשורים הבאים, פרמאהנסה יוגאננדה תרם בדרכים מרחיקות לכת להכרת והערכת המערב בצורה נרחבת יותר בחוכמה הרוחנית של המזרח. בלוס אנג'לס, הוא הקים את המטה הבינלאומי של Self-Realization Fellowship - החברה הדתית הלא מגזרית שהקים ב- 1920. דרך כתביו, סיורי הרצאות נרחבים והקמת בתי תפילה ומרכזי מדיטציה רבים של Self-Realization Fellowship, הוא הביא לאלפי שוחרי-אמת את המדע והפילוסופיה העתיקים של היוגה ואת שיטות המדיטציה האוניברסליות שלה הניתנות ליישום.

כיום פועלו הרוחני וההומניטרי ממשיך בניהולו של אח צ'ידאננדה, נשיא Self-Realization Fellowship/Yogoda Satsanga של הודו. בנוסף לפרסום כתביו, הרצאותיו ושיחותיו הבלתי פורמליים (כולל סדרה מקיפה של שיעורים ללימוד בייתי), הארגון גם מפקח על בתי תפילה, ריטריטים ומרכזים ברחבי העולם; קהילות נזירים של Self-Realizaion Fellowship; ומעגל תפילה עולמי.

במאמר על חייו ומפעלו של שרי יוגאננדה, ד"ר קווינסי האו ג'וניור, פרופסור לשפות קדומות במכללת סקריפס, כתב: "פרמאהנסה יוגאננדה הביא למערב לא רק את ההבטחה הנצחית של הודו להכרת אלוהים, אלא גם שיטה מעשית שבאמצעותה מחפשי דרך רוחניים מכל תחומי החיים עשויים להתקדם במהירות לעבר המטרה הזו. במקור, מוערכת במערב רק ברמה הנעלה והמופשטת ביותר, כיום, המורשת הרוחנית של הודו נגישה כתרגול וחוויה לכל מי ששואף לדעת את אלוהים, לא במעבר, אלא כאן ועכשיו ...

יוגאננדה הניח בהישג יד את שיטות ההתבוננות הנעלות ביותר."

חייו ותורתו של פרמאהנסה יוגאננדה מתוארים בספרו אוטוביוגרפיה של יוגי (ראה עמוד 92). סרט דוקומנטרי עטור פרסים על חייו ומפעלו של פרמאהנסה יוגאננדה, Awake: The Life of Yogananda יצא למסכים באוקטובר 2014.

פרמאהנסה יוגאננדה:
יוגי בחייו ובמותו

פרמאהנסה יוגאננדה נכנס למהסמדהי (עזיבתו המודעת של יוגי את גופו לצמיתות) בלוס אנג'לס, קליפורניה, ב-7 למרץ 1952, בתום נאום שנשא בנשף שנערך לכבוד הוד מעלתו בינאי ר' סן, שגריר הודו.

המורה המוערך בעולם כולו הדגים את ערכה של היוגה (טכניקה מדעית להכרת האל) לא רק בחייו אלא גם במותו. שבועות לאחר פטירתו המשיכו פניו לקרון בחיות ורעננות בלתי משתנות.

מר הארי ט' רואו, מנהל בית עלמין פורסט לואון בלוס אנג'לס (שם הופקדה גופתו של המאסטר הגדול באופן זמני) שלח לSRF מכתב באישור נוטריוני ממנו נלקח הציטוט להלן:

"העדר סימני רקבון נראים לעין בגופתו של פרמאהנסה יוגאננדה הינה יוצאת דופן בתכלית למיטב ניסיוננו...גם עשרים יום לאחר המוות לא ניכרו בגופה סימני התפוררות ... לא ניתן להבחין בסימני עובש על העור, ולא בצפידה (התייבשות) של רקמות הגוף. ככל הידוע לנו השתמרות מושלמת כזו של גוף הנה חסרת תקדים בדברי ימי הקברנות ... בעת קבלת גופתו של יוגאננדה ציפו עובדי בית העלמין להבחין, מבעד לזכוכית מכסה הארון, בסימנים אופייניים לריקבון מתקדם. תדהמתנו גברה ביום המחרת משלא ניכר בגופה כל סימן לשינוי. גופתו של יוגאננדה מתאפיינת כפי הנראה בעמידות פנומנלית בפני השחתה ...

"הגופה לא הפיצה כל ריח ... והופעתו החיצונית של יוגאננדה ב-27 במרץ, עת הונח במקומו מכסה הברונזה של הארון, נותרה

כשהייתה ב-7 במרץ. הוא נראה ב-27 במרץ רענן ונטול סימני רקב כשם שנראה בערב מותו. ב-27 במרץ לא היה מקום לומר שגופתו התפוררה או נשחתה בכל מובן שהוא. מסיבות אלו אנו מצהירים שוב שמקרהו של פרמאהנסה יוגאננדה יחודי למיטב ניסיוננו."

מקורות נוספים
לטכניקת הקריה יוגה של
פרמאהנסה יוגאננדה

SRF שמה לה למטרה לסייע בלא תמורה למחפשי דרך מכל העולם. למידע בנוגע להרצאות, השיעורים השנתיים, המדיטציות והטקסים הנערכים במקדשים ובמרכזים השונים ברחבי העולם, ללוח זמנים של סדנאות ושאר פעילויות, אנא בקרו באתר המטה הבינלאומי שלנו

www.yogananda–srf.org

Self-Realization Fellowship
3880 San Rafael Avenue
Los Angeles, CA 90065–3219
(323) 225–2471

שיעורי
Self-Realization Fellowship

טכניקות המדיטציה המדעיות שפרמאהנסה יוגאננדה לימד,
כולל קריה יוגה – והדרכתו על כל ההיבטים של חיים רוחניים
מאוזניים – מופיעים בשיעורי Self-Realization Fellowship.
ניתן לקבל בחינם חוברת הסברה מקיפה על השיעורים על ידי
על ידי הגשת בקשה ב– www.srflessons.org

מטרות ואידאלים
של
Self-Realization Fellowship

כפי שנקבעו על ידי פרמאהנסה יוגאננדה, מייסד
אח צ'ידאננדה, נשיא

ליידע את האומות בטכניקות המדעיות המדויקות להשגת חוויה אישית ישירה של האל.

ללמד שמטרת החיים הינה לקדם, דרך מאמץ אישי, את מודעותו המוגבלת של בן התמותה למודעות אלוהית, להקים לשם כך מקדשי SRF לאיחוד עם האל ברחבי העולם, ולעודד הקמת מקדשים פרטיים בבתי בני האדם ובלבבם.

לחשוף את האחדות וההרמוניה המוחלטת השוררות בין הנצרות המקורית כפי שהורה אותה ישו המשיח ליוגה המקורית שהורה בהגוואן קרישנה, ולהראות שאמיתות אלו עומדות בבסיסן המדעי של כל האמונות כולן.

להורות את דרך המלך השמיימית אליה מוליכים בסופו של דבר נתיבי כל אמונות האמת: דרך המלך של המדיטציה היומיומית, המדעית והדבקה באל.

לשחרר את האדם מסבלו המשולש: מחלות הגוף, תלאובות הנפש והבורות הרוחנית.

לעודד "חיים פשוטים וחשיבה נעלה" ולהפיץ אחווה בין בני האדם דרך לימוד הבסיס הנצחי של אחדותם: אחווה עם האל.

להוכיח את עליונות המוח על הגוף, והנשמה על המוח.

לגבור על הרע בעזרת טוב, על הצער בשמחה, על אכזריות בנדיבות, על בורות בחוכמה.

לאחד בין המדע לדת דרך הכרת האחדות המשותפת לעקרונותיהם.

לעודד שיתוף פעולה תרבותי ורוחני בין מזרח למערב, וחילופי מאפיינים חיוביים.

לשרת את האנושות כביטוי מורחב של האני.

אוטוביוגרפיה של יוגי

מאת פרמאהנסה יוגאננדה

אוטוביוגרפיה עטורת שבחים זו מציגה דיוקן מרתק של אחד מהדמויות הרוחניות הגדולות ביותר של זמננו. בגילוי לב, בהירות ושנינות מרתקים, פרמאהנסה יוגאננדה מספר את הכרוניקה מעוררת ההשראה של חייו - חוויות ילדותו המדהימה, מפגשים עם קדושים וחכמים רבים במהלך נעוריו לאורך חיפושו ברחבי הודו אחר מורה מואר, עשר שנים של הכשרה בהרמיטאז' של מאסטר יוגי נערץ, ושלושים השנים בהם חי ולימד באמריקה. כמו כן, מתועדים כאן מפגשיו עם מהטמה גנדהי, רבינדרנאת טאגור, לותר ברבנק, הסטיגמטית הקתולית תרזה ניומן, ודמויות רוחניות מוכרות נוספות ממזרח וממערב.

אוטוביוגרפיה של יוגי הוא בו זמנית תיאור יפהפייה של חיים יוצאי דופן ומבוא מעמיק למדע העתיק של היוגה ומסורת המדיטציה הוותיקה שלה. המחבר מסביר בבירור את החוקים העדינים אך המוחלטים מאחורי האירועים הרגילים של חיי היומיום והאירועים יוצאי הדופן המכונים לרוב ניסים. סיפור חייו הסוחף הופך כך לרקע להצצה בלתי נשכחת וחודרת למסתורין האולטימטיבי של הקיום האנושי.

נחשב לקלאסיקה רוחנית מודרנית, הספר תורגם ליותר מחמישים שפות ונמצא בשימוש נרחב כטקסט ועבודת עיון במכללות ובאוניברסיטאות באמריקה. רב מכר רב שנתי מאז

פורסם לראשונה לפני יותר משבעים שנה, אוטוביוגרפיה של יוגי מצא את דרכו לתוך ליבם של מיליוני קוראים ברחבי העולם.

"יצירה נדירה." – הניו יורק טיימס

"מחקר מרתק ומפורש בבירור." – ניוזוויק

"לא היה דבר לפני, אשר נכתב באנגלית או בכל שפה אירופאית אחרת, כמו המצגת הזו של היוגה." – דפוס אוניברסיטת קולומביה

ספרים בעברית
מאת
פרמאהנסה יוגאננדה

ניתנים לרכישה ב www.srfbooks.org
ובחנויות ספרים מקוונות נוספות

אוטוביוגרפיה של יוגי

חוק ההצלחה

מדיטציות מטאפיזיות
מדע הדת
אמרות מאת פרמאהנסה יוגאננדה

ספרים באנגלית
מאת
פרמאהנסה יוגאננדה

Autobiography of a Yogi

God Talks With Arjuna: The Bhagavad Gita
- A New Translation and Commentary

The Second Coming of Christ:
The Resurrection of the Christ Within You
- A Revelatory Commentary on the Original Teachings of Jesus

The Yoga of the Bhagavad Gita

The Yoga of Jesus

The Collected Talks and Essays

Volume I: **Man's Eternal Quest**

Volume II: **The Divine Romance**

Volume III: **Journey to Self-realization**

Wine of the Mystic: The *Rubaiyat* of Omar Khayyam
- A Spiritual Interpretation

Songs of the Soul

Whispers from Eternity

Scientific Healing Affirmations

In the Sanctuary of the Soul
A Guide to Effective Prayer

The Science of Religion

Metaphysical Meditations

Where There Is Light
—Insight and Inspiration for Meeting Life's Challenge

Sayings of Paramahansa Yogananda

Inner Peace:
How to Be Calmly Active and Actively Calm

Living Fearlessly
—Bringing Out Your Inner Soul Strength

The Law of Success

How You Can Talk With God

Why God Permits Evil and How to Rise Above It

To Be Victorious in Life

Cosmic Chants

הקלטות של
פרמאהנסה יוגאננדה

Beholding the One in All

The Great Light of God

Songs of My Heart

To Make Heaven on Earth

Removing All Sorrow and Suffering

Follow the Path of Christ, Krishna, and the Masters

Awake in the Cosmic Dream

Be a Smile Millionaire

One Life Versus Reincarnation

In the Glory of the Spirit

Self-Realization: The Inner and the Outer Path

פרסומים אחרים

מאת

Self-Realization Fellowship

The Holy Science
– Swami Sri Yukteswar

Only Love:
Living the Spiritual Life in a Changing World
– Sri Daya Mata

Finding the Joy Within You:
Personal Counsel for God-Centered Living
– Sri Daya Mata

Intuition:
Soul Guidance for Life's Decision
– Sri Daya Mata

God Alone:
The Life and Letters of a Saint
– Sri Gyanamata

"Mejda":
The Family and the Early Life of Paramahansa Yogananda
– Sananda Lal Ghosh

Self-Realization
(A magazine founded by Paramahansa Yogananda in 1925)

וידיאו DVD

Awake: The Life of Yogananda
A film by CounterPoint Films

קטלוג שלם של ספרים וקלטות אודיו/וידיאו – כולל קלטות
ארכיון של פרמאהנסה יוגאננדה– זמין
ב www.srfbooks.org